大人們的餐桌

從民初到二十一世紀，
22位牽動華人政局的政治人物飲食軼事

中華篇

蔡子強 著

目錄

推薦序—梁文道 009

第一篇
民國初期的政治人物們

1 乾隆、慈禧愛火鍋 017
2 汪精衛：穿越高牆的雞蛋與愛情 026
3 「民國第一宴」吃西餐 031
4 國父只愛豆腐青菜 038
5 國母饋贈杏仁糖 045
6 國母的食譜外交 051
7 國母與大閘蟹的恩怨情仇 057
8 宋靄齡擺的「乳鴿奪夫宴」 062

9 蔣介石吃雞不見雞 067
10 蔣介石喝白開水也喝可樂 077
11 宋美齡的餐桌內外交 082
12 宋美齡愛美愛養生 088
13 美齡官：宮花寂寞紅 096
14 蔣經國品性隨和儉樸為何卻因吃飯鬧脾氣？ 104

第二篇
台灣的政治人物們

15 李登輝的鮑魚風波 113
16 令陳水扁「沒齒難忘」的虱目魚 118
17 馬英九至愛紅豆餅 121
18 小英大廚 129
19 韓國瑜的滷肉飯與礦泉水 137

第三篇

中國的政治人物們

20 毛澤東的辣椒政治偉論 145
21 毛澤東農民之子愛肥肉 149
22 周恩來和鄧小平曾經一起賣過豆腐？ 156
23 周恩來的餐桌上之和善 163
24 毛岸英之死：蛋炒飯改變了共和國命運？ 171
25 胡錦濤和溫家寶的「餃子政治」 176
26 習近平上任之初的「包子政治」 185
27 小食外交：習近平的炸魚薯條與Mojito 193

第四篇

留名歷史的宴席與峰會

28 五張國宴菜單反映台灣政治轉型軌跡 205
29 馬習宴席上的唇槍舌劍 217
30 馬習宴席上的酒裡文章 224
31 中國國宴前世今生：從「開國第一宴」到「三菜一湯」 230
32 烤鴨外交 245
33 美國第一夫人為何讓烤鴨店懊惱？ 252
34 款待尼克森的世紀國宴 259
35 香港前途談判期間的餐桌風雲 265
36 香港政府宴會筵席吃些甚麼？ 271

第五篇

古今多少事　都在飯店中

37　風雲際會太平館：周恩來在這裡擺囍宴　279
38　馬祥興：漢奸至愛美人肝　289
39　西湖國賓館：中美在這裡破冰　294
40　圓山大飯店：見證崢嶸歲月　302

推薦序／梁文道　傳媒人

我通常不會去一家以政治人物曾經光顧而聞名的餐廳，因為我真的愛吃。還記得「慶豐包子」嗎？這家因為習近平而聞名全中國的連鎖小店，只要試過一次，你就會明白我的意思了。當然凡事都有例外，例如「數寄屋橋次郎」，雖然日本首相安倍晉三曾經帶過前美國總統歐巴馬去品嚐他們的壽司，但這確實是一家名不虛傳的好店。這裡的分別並不在於他們一個在北京，一個在東京。而在於前面那一家是政治領袖表演親民秀的地方，味道如何不重要，是否讓人覺得夠平民，才是問題的關鍵。而後面那一家卻是國家元首招待重要國賓的所在，我想即便是最挑剔的國民，大概也會同意，招待外國領袖是不能丟面子的吧。耗費公帑在全國最有名（通常也都不便宜）的餐廳請老外見識本國料理精華，既長自己志氣，還能拉好關係，應該還算值得。但一個政客要是自己也常去這種地方吃飯，很可能就會變成一場災難了。

法國前總統薩科齊當年競選的時候，曾經努力把自己塑造成一個和政壇離地精英截然不同的人民之子。但他這番苦心經營的形象，卻幾乎立即盡毀於他勝選的當天晚上。因為那個夜晚，他居然在「富凱」（Fouquet）舉辦慶功晚宴。光看地址，你就知道這個地方不對勁了。它在香榭麗舍大道和喬治五世大街的交界，對面就是路易威登的旗艦店。它不單是香榭麗舍大道上最古老的啤酒屋（brasserie，請不要顧名思義，以為這是英國式的酒吧），更是全巴黎最有名的名流餐廳之一。儘管算不上是米其林星級食肆，但它百年來招待過無數電影明星，現在則是亞洲闊太逛完街、購完物之後歇腳的地方，光是一杯義式濃縮咖啡就要取價十歐元，其它地方都很容易吃得到的煎鵝肝和蝸牛，到了這裡也是身價百倍。你說這能是「人民之子」慶祝自己當上總統的餐廳嗎？

曾幾何時，所有西方老牌民主國家的政治人物，都曾經有過一段把午飯當成歡樂時光的美好日子。別說義大利和法國，就連當年食物不怎麼樣的倫敦，政客至少也要在私人會所或者「Rules」（英國最古老的餐廳，以野味和燒牛肉聞名）之類的地方開懷暢飲。上世紀九十年代，一位英國內閣成員在中午喝得暈頭轉向的時候，還跟趁機向他打探消息的記者說過以下一句名言：「One bottle means a Tory party scoop, two bottles means a departmental scoop and three bottles means a Downing Street scoop」（一瓶酒可以換一個保守黨的獨家消息，兩瓶酒就有一個政府部門的新聞，三瓶酒便能換得唐寧街的內幕）。

俱往矣，現在是個講究效率的年代。就算巴黎，部門首長和國會議員也通常得在一個小時之內解決午飯。而愛喝酒的英國人，也在前英國工黨國會議員埃利克．喬埃斯（Eric Joyce）醉酒傷人的醜聞之後（這是英國政壇上有名的一次蝴蝶效應事件，據說後來弄得工黨幾乎亡黨的科爾賓之所以能夠上台，就跟這事有關），取消了國會議員酒水費用的津貼，並且迫使人人自制。更重要的，是這是一個你愛人民，就要讓人民看到你的愛的年代。吃得簡單、便宜、庶民化，正是你愛人民的最佳表現之一。蔡子強兄這部新著《大人的餐桌．中華篇》，就給了我們不少華人世界當中的上好例子。比如說先後出任過台北市市長的馬英九和郝龍斌，便曾在二〇〇七年來過一場「馬郝牛肉麵PK賽」。我們都曉得，牛肉麵本來就已經是台灣最有代表性的庶民美食，而這兩位居然還要親自下廚，當著市民的面比賽，看誰的牛肉麵做得地道。

仔細看蔡子強兄這許許多多華人政壇領袖的飲食故事，似乎可以找到一條隱約的敘事軸線，好像政治變得越來越民主，政治人就越來越不能當個出櫃的美食家（除非像蔡英文那樣，喜歡自己下廚，能在鏡頭面前表演廚藝）。例如台灣第一位民選總統李登輝，他「不但懂得吃，也很能吃，每場國宴都會有魚翅、鮑魚、龍蝦等名貴菜式，而且菜式往往多達十道。風味以粵菜和海味為主。他主政時台灣已經經濟起飛，財政寬裕，國宴花得起錢，於是二兩以上的排翅、鴨蛋大的麻鮑以及龍蝦半隻，變成了國宴菜單的基本班底」。這等氣魄，是後來會煮牛肉麵的馬英九，以及喜歡在國宴呈獻台灣小吃的陳水扁，都完全比不上的。難怪李登輝後來也得在吃這個環節，遇到民主的考驗。話說：一九九七年，春節剛過，楊貫一到台灣表演廚藝，李登輝順道邀請他到總統府做一次外燴，在那一次李品嚐了鮑魚、魚翅和燕窩，並大為讚賞。不料，事後卻被傳媒知道，並大加炒作，並傳言說李當晚享用的是當時每隻要兩萬多三萬元的頂級「三頭鮑」，因此批評這位總統太過奢華，讓輿論鬧得鼎沸，《中國時報》和《聯合報》兩大報以社論加短評，一連對這事炮轟了幾日，至於那些在電視上播放的論政和諷刺時弊的節目，就更加不放過這個題材，拿「三頭鮑」大作文章，對這位總統大加挖苦。

當然，我這個講法並不精確。因為就算政治制度不民主（或者至少不是我們一般人所理解的憲政民主），在全球民粹的大勢之下，領袖也還是得向他統治的對象展現他的親民，所以才會有這本書裡提到的「胡錦濤和溫家寶的『餃子政治』」，以及「習近平上任之初的『包子政治』」。大概唯有到了江山坐得極穩，沒有人可以再公開批評你的時候，方能免去這等表面功夫。

第一篇

民國初期的
政治人物們

孫中山、蔣介石、宋家姊妹、
蔣經國、汪精衛

第一章
乾隆、慈禧愛火鍋

香港美食家蔡瀾曾經在大陸一個電視節目上被問到，如果要讓一道菜消失，他會選哪樣？蔡竟然答說「火鍋」，並說這是最沒文化的料理，把東西切好了就扔進去，有甚麼好吃？以後也不需要大師傅了。這番話惹來坊間熱議。

香港人出名喜歡「打邊爐」，自然不認同這番說法，以白開水或清湯涮熟來吃，其實最能吃出食材鮮味，既考驗食材的新鮮，也考驗師傅的刀工。

其實這種被蔡瀾稱為沒文化的料理，並不是今天大家因陋就簡想出來的吃法，它實在源遠流長，甚至有著一則優雅典故、古詩，和名字。

雖然早於商周時期，在進行祭祀或慶典時，人們就已經會把肉類等食材放入「鼎」這種容器中，然後在鼎下生火，把食物煮熟來吃，有人說這是火鍋的雛形，但這跟我們今天吃的火鍋，即以滾水或湯來涮熟如肉片等食物，再蘸佐料而食的吃法，其實並不相同，反而較像「炆煮」的作法。

宋人林洪「撥霞供」

最像今天火鍋吃法的文字記載，最早要算宋人林洪所著的《山家清供》當中一段紀述：有次林前往武夷山，拜訪隱士「止止師」，期間下大雪，林抓到一隻野兔，但山野中又苦無廚師可代為烹調，隱士說，他在山中是如此吃兔的：先把兔肉切成薄片，再用小炭爐燒一鍋沸水，以筷子夾著兔肉在水中涮熟，再以辣椒、醬油、酒等作為佐料，蘸著來吃。林發現這吃法，不單簡便，且與知己圍爐取食，實乃平生一大樂事。

過了五、六年，林洪又在京師朋友家裡，再次嚐到同樣的涮肉火鍋。朋友乃嗜學而清苦者，不是喜歡大排筵席大吃大喝之輩，這種簡便吃法，反而更得其樂。林並發現，除了兔肉之外，猪肉、羊肉均可作為材料。想起武夷山之行，林一時詩興大發，便作了以下幾句詩：

浪湧晴江雪
風翻晚照霞
醉憶山中味
都忘貴客來

林洪更以此為這種吃法取了一個十分典雅名字：「撥霞供」，鍾愛之情，躍然紙上。

清初盛事「千叟宴」

比起林洪對火鍋推崇備致，清代名才子和食家，《隨園食單》之作者袁枚，卻對火鍋嗤之以鼻，理由有兩個：「對客喧騰，已屬可厭」，且「物經多滾，總能變味」。但諷刺的是，袁枚畢生一大憾事，卻又與吃不到火鍋有關。

話說他晚年因年老體弱，未能前赴皇帝乾隆舉辦的「千叟宴」，只能充滿豔羡地送別他的老鄉吳際昌，更無奈感嘆自己「路遙無福醉蓬萊」。但其實他也無需感慨，因為就算他能夠到北京赴宴，碰到的將是他筆下最厭惡之場景：那就是近六千個老人聚首一堂，分食一千五百多個火鍋。

在紫禁城舉行御宴，竟吃蔡瀾口中最沒文化、最不需要大師傅的火鍋？不錯，這就是清代皇室傳統。

千叟宴是清初的筵席盛事，總共擺過四次，分別由康熙和乾隆各辦其二，但因花費太鉅，之後的皇帝便無以為繼。

話說，康熙六十大壽時，頒布天下，凡六十五歲以上長者，官民不論，均可前赴京城參加他在紫禁城暢春園擺的壽宴，結果赴宴者達兩千人，千叟宴因而得名。康熙更要求諸皇子、皇孫、宗室子孫等，年紀在十歲以上、二十歲以下者，要去為這些長者敬酒、分發食品等，更要扶八十歲以上長者到康熙帝面前祝酒，以示恩寵。

到了康熙年屆六十九歲，為了預先慶祝自己七十大壽，他又擺了第二次的千叟宴。當時年僅十二歲的弘曆（即後來的乾隆）亦參加了祖父的這場盛會，留下深刻印象。

後來乾隆即位，為了效法祖父弘揚孝德，亦曾經辦過兩次千叟宴，一次是乾隆五十年正月初六，赴宴者近四千人；而另一次則是乾隆六十年，為了不想逾越祖父康熙在位六十一年之紀錄，因此他選擇提早遜位，把皇位交給兒子，也就是嘉慶，在正月初四，他擺了第二次的千叟宴，赴宴者更多達近六千人，袁枚遺憾未能赴宴的，就是這一次。

千叟宴因出席者眾，只能在戶外擺，但乾隆擺的時間又在正月，北京天氣嚴寒，為了體恤赴宴者，相傳負責籌辦的權臣和珅，便想出吃火鍋，讓大家可以邊吃邊暖身。當然，乾隆盛世要擺火鍋御宴，又豈能失禮，於是又想出「吃野味」，食材共有十二種，包括：鹿肉片、飛龍脯、袍子脊、山雞片、魷魚卷、野豬肉，野鴨脯，野魚肉、刺龍牙、大葉芹、刺五加、鮮豆苗，可謂非常豐富。

其實，乾隆擺的千叟宴吃野味火鍋，除了出於體貼，天氣嚴寒為出席老人家設想之外，相信原因之一，就是乾隆本人也十分愛吃火鍋。有人作過考據，說以乾隆五十四年的御膳菜單為例，他在這一年吃了兩百多頓火鍋，例如在開春的早晨，他要吃「燉酸菜熱鍋」和「鹿筋折（拆）鴨子熱鍋」；

初夏，他會吃「野意熱鍋」和「山藥鴨羹熱鍋」；入秋，他的早飯裡竟也有「燕窩蔥椒鴨子熱鍋」；到了冬至，他又會一餐飯連吃三道含有雞、羊肉和口蘑的火鍋。

但細心一看，這些跟港人稱之為「打邊爐」，即以滾水、滾湯涮肉片等食材來吃的火鍋吃法，其實有所不同，反而較像是把食材炆煮的「鍋」，並不一定是「打邊爐」。所以當看到網上流傳乾隆一年吃了兩百多頓火鍋這說法時，大家也要分辨清楚，打個折扣。

慈禧的菊花火鍋

清代另一位超愛吃火鍋的皇室成員便是慈禧，甚至有說，若然她賞識某位大臣，在請他用膳時就會吃火鍋。而慈禧的心頭好便是菊花火鍋。

究竟菊花火鍋有何特別？

裕德齡，其父裕庚為外交官，她因而通曉外語及西方禮儀，因而被慈禧徵召為御前女官，擔任翻譯，後來下嫁美國駐滬領事館副領事迪厄斯・懷特（Thaddeus C. White），在清室亡國後，隨夫赴美，後來更用英文撰寫回憶錄和紀實文學，記下了她侍奉慈禧的這段傳奇經歷。其中《御香縹緲錄》（*Imperial Incense*）一書，透露了很多有關慈禧起居飲食的第一手資料，很受西方讀者歡迎，滿足了大家對這個東方傳奇國度的獵奇心態，當中便有提到菊花火鍋。

德齡回憶道，每逢要吃菊花火鍋時，慈禧總會十分興奮，像個鄉下人快要赴席的情形一樣。吃時先由御膳房端出一個銀製小鍋，鍋裡放了雞湯或肉湯，管理膳食的大太監張德，會在慈禧座前放好一張專為這菊花火鍋而造的小餐桌，中間有個圓洞，恰巧可以把那小鍋安穩地架在中間。接著會端出幾個小碟，上面盛著切得很薄的生魚片或生雞片，因為慈禧喜歡吃魚，有時甚至只備魚片，外加少許醬醋。菊花也同時放在桌上。

張德會把火鍋蓋子揭起，慈禧便親自夾起幾片魚或肉放入湯內，張會趕緊重新蓋上鍋蓋。這時慈禧連同一眾侍從會鄭重其事的悄悄靜候，幾十道目光，一起射在那鍋上。約五、六分鐘後，張又把鍋蓋揭起，讓慈禧自己或侍從把那些菊花瓣抓一把投進去，接著再把鍋蓋蓋上，再等五分種，菊花火鍋便可以吃。每次揭鍋蓋、投菊，慈禧都愛在一旁指揮。

德齡回憶，魚片在雞湯裡燙熟後的滋味，本已夠鮮，再加上菊花所透出清香，格外覺得可口。而菊花本身，原本沒甚滋味，但經雞湯和魚片一煨，便也鮮美起來了。慈禧往往能吃下許多。她們站在旁的侍從，聞著那股香味，卻覺得難受，偶然得慈禧慈悲，把吃剩的給她們分吃，她們便歡喜得不得了，誰也不肯再講甚麼謙讓之禮，恨不得由自己獨食。

就連慈禧死對頭珍妃，她的姪孫，被譽為「民國談吃第一人」，後來遷居台灣，著有《中國吃》、《天下味》等美食散文集的作家唐魯孫，也對這款火鍋讚賞有嘉。筆者讀其文章，便發現至少在四篇文章〈歲寒圍爐話火鍋〉、〈圍爐吃火鍋〉、〈飄在餐桌上的花香〉、〈香氣馝馞的菊花鍋子〉中，都有提到菊花火鍋。他認為關鍵在於把湯做得清醇澄郁，切忌混濁，魚片、腰片、魷魚、山雞等食材切得薄如紙，一燙就熟，才能鮮嫩可口。至於菊花就一定要用上白菊花。

二〇一九年，農曆新年期間，北京故宮博物院在神武門外開設了「故宮角樓餐廳」，白天供應各式餐點；晚間則結合冬季天寒的特點，提供故宮特色火鍋。這些火鍋的藍本便是慈禧鍾愛的菊花火鍋，採用的是從安徽空運而來的貢菊，且每鍋都會附贈一份松花江黑魚片和一份長白山鮮雞片，跟前述慈禧吃菊花火鍋時主要是吃魚片和雞片一樣。

但到了三月，故宮博物院院長單霽翔稱，隨著天氣漸暖，故宮角樓餐廳將不再賣火鍋，但也有報導，說是因索價太高且惹來過分商業化的批評，也是不再賣火鍋的一大原因。

北京故宮博物院所收藏一件乾隆用的銀製火鍋。

第二章

汪精衛：穿越高牆的雞蛋與愛情

「雞蛋與高牆」，近年已成了社運界與政權進行抗爭時，最廣泛採用的一個形象化比喻。很多人都知道，這其實是源於日本作家村上春樹，於二〇〇九年到以色列領取耶路撒冷文學獎時，所發表的得獎演說。他同情手無寸鐵的巴勒斯坦平民，面對以色列軍隊，猶如以卵擊石，他表示：

「在高大堅硬的牆，以及撞牆而碎的雞蛋，兩者間，我永遠站在雞蛋那邊。」

「無論高牆是多麼正確，雞蛋是多麼錯誤，我也還是站在雞蛋那邊。」

「雞蛋與高牆」，從此就這樣用來比喻抗爭，但其實「雞蛋與高牆」，原來亦關乎一段浪漫的愛情故事，且主角就是一對革命鴛鴦。

這對主角就是汪精衛與陳璧君，看到這裡，有讀者可能會破口大罵，汪精衛不是人所共知的大漢奸、日軍傀儡嗎？為何把他說成是革命烈士？！

在今天把歷史極為簡單化的教科書裡，汪精衛就只得把他描述為「漢奸」的寥寥幾筆。大家未必知道，汪年輕時其實是一個熱血革命烈士，甚至因為刺殺清廷重臣而身陷牢獄，甚至寫下：「慷慨歌燕市，從容作楚囚；引刀成一快，不負少年頭」，這樣豪氣干雲的絕命詩。

因此，汪曾經備受尊崇，到了民國臨時政府倉卒成立，要推舉臨時大總統時，更出現過「論才，當屬宋教仁；論德，當屬汪精衛；論功，當屬黃興」這樣的說法。

不錯，汪年輕時實在是一個熱血革命文青，樣子長得帥，文章又寫得好，且又滿腔革命浪漫情懷，自然成了不少情竇初開少女的傾慕對象。當中之一就是陳璧君。

陳璧君本來是馬來西亞華僑的富家千金，讀到汪所寫的一些革命文章，不禁心存欽佩，剛巧汪到馬來西亞巡迴演講，陳有緣見面，更是不得了，簡直是一見傾心。

為何汪有如此魅力？民初有所謂「四大美男子」，當中有許多版本，而在不同版本之中，最常出現的名字就是汪精衛。至於陳璧君，樣貌普通算是比較厚道的說法。

不知是否因為這個原因，陳多次寫信表白愛意，但都遭汪婉拒，當然他會提出最政治正確的理由，那就是：「革命不成功不考慮結婚」；以及早年長兄曾為自己訂下婚事。但陳卻實在痴心一片，又豈會輕言放棄，反而誓言自己會一直等下去。

陳後來離家，先以留學，再以投身革命為由，但求貼近汪精衛。後來，他們更到了北京，目的是暗殺清廷攝政王載灃，打算在他每天都會經過的銀錠橋放炸彈，但結果卻東窗事發，汪亦遭逮捕。

刺殺朝廷重臣，汪在獄中自然不會好過，但有一天獄卒突然對他說，有東西給他，原來那是一個籃子，籃中竟然有十隻雞蛋！對他來說，這實在是雪中送炭。當他納悶何來雞蛋時，卻發現雞蛋上原來寫上一個「璧」字，不禁恍然大悟。絕對可以想像，那一刻他定必淚眼決堤。

不錯，牢房四邊都被厚厚的高牆所包圍，但情意卻可以透過雞蛋而穿越高牆，撫慰人心。

陳還寫了一封情誼綿綿的信，表示自己永遠都愛他，且說，彼此身體不能一起了，卻請答應，讓彼此結成精神上的夫妻吧！汪終於被感動，回了信，陳打開一看，裡面只有一個字：「諾」。

雞蛋不單可以摔向高牆，進行抗爭；也可以穿越高牆，帶來愛情。

不過，汪乃朝廷欽犯，雞蛋能夠穿越重重高牆，定必花了不少錢來作疏通，也只有陳這位富家千金才能夠做得到。

之後，陳璧君一直從事對汪精衛的營救工作，就算波折重重，但也絕不言棄，但結果還是要等到辛亥革命爆發，汪才被想向革命黨伸出橄欖枝的清廷所釋放。也因為他曾經為推翻滿清而以身犯險的英烈事跡，再加上他是一個不嫖、不賭、不酒、不菸的好好先生，於是就連當時的國學大師章太炎甚至說：「看臨時大總統人選，論才，當屬宋教仁；論德，當屬汪精衛；論功，當屬黃興。」

但汪精衛卻選擇謝絕當官，飄然而去，去實踐與陳璧君圓婚的承諾，之後出國留學。

汪後來返國，扶助孫中山，後來又與蔣介石進行權力鬥爭，晚年更出掌日軍侵華下的傀儡政府，遭千秋痛罵，斥為漢奸賣國，但也有人為他辯護，說他只是以間接手段救國，是耶非耶，也不是這裡三言兩語可以說得清楚了。

最後想補上一筆，汪精衛抗戰未完已經先逝，到了抗戰勝利後，法院審訊陳璧君，她並沒有為了自身安危，而與亡夫劃清界線，反而選擇了毫不畏懼的為丈夫種種行為辯護，無論有否賣國，她對汪的情深義重，是沒有任何疑問的。

第三章

「民國第一宴」吃西餐

一九四九年中共立國時有所謂「開國第一宴」，那麼民國又如何？又有否「民國第一宴」呢？

一九一一年十二月二十九日，來自十七個省的代表在南京召開大會，選舉中華民國臨時大總統，結果孫中山得十六票高票當選（餘下一票投給了黃興）。翌年一月一日，孫在南京宣誓就職。但原來當時就職典禮開始的時間是深夜十一點！且整個典禮只能以「倉卒」和「簡單」四個字來形容。

據革命黨人戢翼翘的回憶：「中山先生和胡漢民走進來，兩人都穿着大禮服，戴大禮帽，胡漢民手拿文告，站在中山先生的身邊。中山先生宣誓就職後用廣東話演講，我根本就聽不懂。儀式很快就結束，燈很暗，也沒照什麼紀念的相片。我們很奇怪為什麼這樣草率，第二天才明白原來是趕在這天改元，用新曆。」

不錯，當時孫中山是在和時間競賽，一方面，武昌革命爆發，他從海外趕返中國，要趕快製造「新政府業已成立」的既成事實；另一方面，他亦要趕上一月一日，因為想用新曆，與世界接軌，象徵舊皇朝的結束，新中國的開始，所以就算是晚至深夜十一點，也執意要讓民國在元旦開國。

因此，就職典禮也只能倉卒和簡單成事，不要說難有外國使節出席，甚至連照片亦沒有拍下一張，雖然禮成後有宴請來賓，但也只是草草安排，吃餐飯而已，試問千頭萬緒，哪又會有甚麼餘裕和心思去想甚麼「民國第一宴」？事實上，我相信當時眾人也是吉凶難料（見圖①）。

雖然南京政府成立，但當時滿清政權仍未倒下，南北仍然處於對峙局面，戰事亦陷入僵局，西方列強亦未予承認，臨時政府處境艱難。最後，孫選擇了妥協，提出倘若清帝退位，且袁世凱支持共和，那孫自己也可以請辭，讓國會改選袁為臨時大總統，但袁當選總統後，得宣誓遵守《臨時約法》。結果，袁應允，南北就此議和。

① 民國成立典禮這歷史時刻並沒有拍下照片，現今南京由民國總統府改建而成的展覽館內，設有這個蠟像陳列品以作展覽，但孫中山的衣著與前述戢翼翹所回憶的並不吻合。

但袁、孫雙方的矛盾並未因此而結束，彼此鬥爭仍然不斷，孫甚至以國民黨內第三號人物宋教仁被刺殺為由，發動「二次革命」討袁，但「革命」卻以失敗告終。

一九一三年十月六日，袁世凱舉行首任中華民國大總統選舉，但在年初的國會選舉中，國民黨獲得最多議席，成了第一大黨，因而可以左右大局，並對袁想當總統的大計企圖阻撓。袁遂派手下和黑社會偽裝成所謂的「公民團」，並以數千人包圍國會，高呼「今日非將公民所屬望的總統選出，不許選舉人出會場一步」，藉此施壓。國會在首兩輪投票，仍未達法定所需的四分之三票數，從早上八時僵持到晚上十時，議員因國會遭到包圍，無法獲得飲食，而要忍飢挨餓，結果抵受不住，終於在第三輪投票時妥協，讓袁獲得所需票數。

雖說「國以民為本，民以食為天」，想不到，袁世凱要當總統，竟然也是靠吃飯迫人就範。

四天之後，即十月十日，袁世凱由過往只是臨時大總統，改為出任正式大總統，舉行就職典禮，同一天，亦是民國政府第一次鄭重慶祝國慶。

對於袁世凱來說，這是一次難得的機會，一個絕佳的舞台。當時政局依然動盪，七月才爆發「二次革命」討袁，要到九月才告平息，且正如前述，袁剛剛才以並不光采的手段，奪得總統寶座，新政府陣腳未穩，極需得到列強的認可，承認其合法性，以抵擋國內的反對勢力，且還需列強進一步支持，借出其所急需的大筆貸款，來填補國庫空虛，穩住政局。

袁實在要好好利用這次機會。於是，就職典禮之後，他刻意安排與盛裝出席的各國使節一起合照，並拿來廣泛宣傳，以此來彰顯其合法性已經得到列強以及國際社會的認可（見圖②）。

不僅如此，禮成之後，袁還設下隆重國宴款待各方來賓。與兩年前孫中山的那一次大大不同，袁世凱今回精心籌劃，務求風風光光，以收宣傳和留名歷史之效，事實上，各國使節亦紛紛盛裝出席捧場，因此，最低限度，在外交層面而言，這可算是民國的「開國第一宴」。

那麼，這場「民國第一宴」，又吃了些甚麼呢？

一九四九年共和國成立時的「開國第一宴」，菜單由周恩來拍板，以淮揚菜奉客，因為淮揚菜口味清鮮平和，鹹甜濃淡適中，南北中外皆宜，能夠讓四方貴賓不同口味都能接受。

② 袁世凱就任總統

此外，當時周總理出於「革命精神及艱苦奮鬥」，因而批示過國宴「一切招待必須是國貨」，難怪就算是要照顧外賓的「開國第一宴」，也不見西式餐點，直到三十年後，推行改革開放，情況才有所改變，但以西式料理在國宴上奉客，基本上仍屬稀有。

當時受邀出席袁世凱這場就職國宴的一位賓客是澳洲人莫里森（George Ernest Morrison），他被譽為當時報導中國新聞最具國際影響力的記者，武昌起義爆發後，他是第一個以「革命」而非「叛亂」來向國際社會報導這次事件的西方記者。一九一二年，他更接受邀請，出任袁世凱的政治顧問。

當時莫里森收藏了這次國宴的菜單，讓後世可以從中一窺端倪。菜單中的菜式，除了中國菜如大麵合、爛火腿、龍鬚菜（筆者按：即蘆筍）之外，還包括番茄湯、爛牛裏脊、冷水扎、杏仁布丁、鳳梨冰淇淋這些西餐。至於上菜順序，也是先上湯，最後上甜品冰淇淋的西式順序。筆者並不知道大麵合、冷水扎是甚麼，但其他菜式大家還是大致上猜得到是甚麼。

這次以西餐奉客的安排，原來又與袁世凱的政治盤算有關，袁想透過吃西餐，向參加這場國宴的外國使節和政要，展示一個努力向西方靠攏的新政府之形象，以拉攏列強，改變它們對南京政府原有的疏離態度，務求取得它們對其合法性的認可，以及財政支持。這都是孫中山一直仍未做到的。

「民國第一宴」吃西餐，中共「開國第一宴」不吃西餐，其實都與主事者口胃喜好原因無關，反而是與政治有關，關鍵是新政府是想標榜親西方，還是想反西方而已。

本文後半部份參考自：李夏恩，〈飯局中的政治隱喻：民國鴻門宴〉，載於《記者觀察》二〇一七年第四期。

第四章
國父只愛豆腐青菜

豆腐價廉物美，營養豐富，俗語有云：「魚生火，肉生痰，青菜豆腐保平安。」就連國父孫中山，亦在《建國方略》中對豆腐推崇備至。《建國方略》中《孫文學說》那一部，開宗明義，第一章便是〈以飲食為證〉，當中提到中國近代文明樣樣皆落後於人，唯獨一樣例外，就是飲食，差不多每一個中國人都會認同，都會引以為傲。

國父說，中國不單物產豐盛，烹調之法亦精良，飲食習慣且符合科學衛生，如飲清茶、吃淡飯、加以菜蔬豆腐，為今日衛生專家所認為最有益於養生。孫中山寫出這些觀點時，已是一個世紀以前的事，但如今一百年後回頭看，觀點也不見得落伍。

國父說，西方今天提倡素食，以求延年益壽，但因其素食食材仍不如中國的完備，其烹調之法亦不如中國之精巧，因而素食之風仍難普及。他說：「如金針、木耳、豆腐、豆芽等，實素食之良者」，而當中，他又對豆腐尤其推崇備至，說「中國素食者必食豆腐」，因為它「實植物中之肉料也，此物有肉料之功，而無肉料之毒」。

以食療來治胃病

孫中山以自己親身經歷為例，說明素食的好處。他說早年因為奔波勞碌，食無定時，因而得了嚴重胃病，且藥石無靈，凡是稍硬的食物也不能進口，只能喝些牛奶、粥品、肉汁之類的流質食物。但是，慢慢連吃這些食物也有問題，胃痛一日比一日嚴重，且無法可治。試過以手按摩胃部以助消化，初時見效，但漸漸亦一樣徒然。後來到日本東京請教高野太吉醫生，學得食療之法，才終於不藥而癒。

高野醫生主張少吃肉類，甚至從中提煉出來的流質食物，如前述的牛奶、粥品、肉汁，以至雞蛋，也宜少吃，反而要多吃堅硬之蔬果及其提煉之物，以讓腸胃從抵抗中自行發力。孫中山起初不信，但後來因苦無別法，姑且試之，戒除一切肉類、牛奶、雞蛋、湯水、茶、酒，及辛辣之物，而改吃硬飯與蔬菜及少許魚類，而以鮮果代替茶水。孫說果然食後不覺積滯，反覺暢快，結果胃病不藥而癒。

不過國父也非一僵化之輩，他同意人之稟賦各有不同，故飲食之道也不宜一概而論，加諸不同人身上，只要符合中庸之道便可。例如吃肉，老少當有不同，成長階段的青年人可稍多，到了壯年宜減，到了老年則更宜大減。

孫中山在文中也有提到豬血。他說西方人鄙視中國人吃豬血，覺得粗鄙野蠻，但今天醫學界卻發現，豬血蘊含大量鐵質，為補身良品，凡病後及產後體弱，都可以以此來補充鐵質。

或許因為如此，在國父的故鄉翠亨村，人們都說有兩道家鄉名菜，那就是鹹魚頭滾豆腐湯，以及大豆芽炒豬血。

翠亨村的村民愛吃鹹魚，但吃時卻棄掉魚頭，但孫中山卻不喜浪費，偏愛用魚頭滾豆腐湯。正如前面提到，豆腐是營養豐富的食物，含有豐富的蛋白質、維他命和碳水化合物，而且又味淡，與鹹魚頭配合，可謂鹹淡中和，相得益彰，風味一流。

孫中山與豆腐結下不解之緣，有一說，這可以追源溯始到他的父親擅長製作豆腐，所以日常生活中，也常常做豆腐給家人吃，甚至拿來出售。

但也有另一則有趣的故事，卻與前說背道而馳。

國父砸破豆腐鍋？

筆者曾經造訪廣東中山翠亨村的「國父孫中山故居紀念館」。這裡最重要的建築，當然是孫中山故居，那是一棟紅色樓房（見圖①），但其實卻並不是國父出生的地方，那是到了後來，他那位到檀香山謀生的哥哥孫眉，發達後再匯款回鄉建成的祖屋。

在這棟故居不遠處，館方仿造了孫中山出生及童年時的居所（見圖③），隔鄰則是另一個仿造房子（見圖④），內有製豆腐的石磨，門口有這樣的導覽簡介：「此家主人『豆腐秀』以製作、經營豆腐為生。村中留有這樣的傳

① 翠亨村裡的孫中山故居
② 孫中山故居內的客廳
③ 翠亨村裡所仿造的孫中山童年故居
④ 翠亨村裡「豆腐秀」的仿造房子，內有製豆腐的石磨。

福
福
③

④

說：主人的兒子經常欺負年幼的孫中山，一次，孫中山忍無可忍，憤然用石頭砸破了他家煮豆腐的鐵鍋。」

無論如何，國父愛吃價廉、大眾化之物，卻是毫無異議的，除了因為食療和營養，怕且也與國父知慳識儉有關。

筆者有一回到上海，參觀國父晚年的故居，當中展品提到，國父一家當時每天花在吃飯上的買菜錢，大家估算有多少？原來只有兩元！國父的慳儉，可見一斑。

第五章

國母饋贈杏仁糖

有次到上海的宋慶齡故居紀念館（見圖①）參觀，除了看到她的很多珍貴照片、生活用品、親手寫的書信和演講稿，以至穿過的旗袍之外，最讓我眼前一亮的，反而是一個粉紅色橢圓形小鐵罐，因為那給我一種十分熟悉的感覺，原來那就是從小吃到大，以及新年送禮常備的——樂家杏仁糖（Almond Roca）的糖罐（見圖②）。

樂家杏仁糖已經有百年歷史，相信不少讀者都有嚐過，這種外表堂皇華麗、以金色箔紙包住、表面鋪滿杏仁粒內裡則是香草奶油太妃糖、香脆甜美的糖果，是很多朋友的童年至愛。

民國年代愛穿旗袍雍容華貴的「國母」，竟然愛吃樂家杏仁糖？感覺真的有點怪怪的，但這確是有歷史根據，展品旁邊便寫明：「宋慶齡贈送給高醇芳的部分禮物（高醇芳提供）」。

高醇芳是著名女畫家，一九四七年於上海出生，七十年代才移居法國。其英國裔母親是宋慶齡的好友，所以她自小便得到宋的鍾愛，相交半生。在高醇芳所著的《我與宋慶齡的往事》一書中，也有提到這罐杏仁糖：

宋伯母給我準備了一盒禮物，用嫩綠縐紙精心地包裝好，繫上粉紅絲

① 上海宋慶齡故居

② 宋慶齡故居紀念館內，所展示宋慶齡饋贈給友人女兒高醇芳的樂家杏仁糖，此為當時留下的糖罐。

帶。回家打開看，是一盒美國的杏仁巧克力夾心糖果，粉紅色的圓鐵盒上面寫著：ALMOND ROCA, America's Finest Confection（樂家巧克力杏仁糖，美國最好的糖），是布朗．哈雷（Brown Halley）牌的。

這是非常珍貴的禮物。那時中國完全與世隔絕，根本沒有「美帝國主義」的食品。這盒糖果的盒蓋有點給壓扁了，一定是經過許多周折，有人送給宋慶齡，她自己捨不得吃，又送給我們享用的。我一直都把盒子保留著，從上海帶到香港，再帶到巴黎，最後帶回上海，請宋慶齡故居紀念館代為保管。

宋慶齡不單有送這款杏仁糖給高醇芳，亦有送給另一位她鍾愛的世侄女廖夢醒，後者就是國民黨大老廖仲愷的女兒，也是中國國務院港澳事務辦公室前主任廖暉的姑母。廖夢醒的女兒李湄在《家國夢縈：母親廖夢醒和她的時代》一書中有如此記述：

宋慶齡送來的一種粉紅罐的美國杏仁糖（宋慶齡喜歡吃這種糖，可能很多人送給她，存貨不少，到我家時常常已經哈喇（筆者按：北方語，流口水的意思），直到現在，陳平、曉燕還管這種糖叫「哈哈糖」）。

看了這兩段，相信讀者大概領略到宋慶齡是如何喜愛這款杏仁糖。有些朋友可能會覺得有點奇怪，為何這位國母會如此洋化？北京、上海好吃的糕點多的是，為何偏挑洋貨？

大家要知道，宋家的父親宋嘉澍，又名宋查理，是一名傳教士，生活洋化，深深影響他的六名子女。多說一件逸事，當大女兒宋靄齡幼時第一天上學，為了哄她開心，不想她愁眉苦臉的離家上學，母親倪桂珍放在宋靄齡書包的，就是一包牛油糖及一排巧克力，從中可見，宋家子女從小便是吃西式糖果長大。況且，宋慶齡在十四歲時就已經赴美留學，與她的姊姊宋靄齡和妹妹宋美齡一樣，就讀於衛斯理女子學院，也就是前美國總統克林頓夫人希拉蕊讀過的那間學校，因此，宋慶齡喜歡吃這種在美國十分受歡迎的糖果，也就不足為奇了。

下次，當大家買這款杏仁糖來送禮時，不妨向對方打趣說，這實在是「國母級」的禮物。

手磨杏仁豆腐、杏仁茶

其實，不單止杏仁糖，宋慶齡的拿手好菜就是杏仁豆腐和杏仁茶，她似乎真的很愛杏仁做的甜點。

在招待外賓時，幾乎每次的菜單上都有杏仁豆腐或杏仁茶，這是北京著名的道地小吃。她不像如今一些餐廳那樣，用外面買到的即食杏仁粉來作材料，而是自己用小石磨來磨杏仁，兩者相比，味道、香味、口感簡直天差地別，所以，她的杏仁豆腐很受歡迎。為了告訴外國朋友如何製作杏仁豆腐，宋還試過親自用法文寫了一封信，這也是中國官方現在收藏唯一一封宋慶齡親手寫的法文信。

我在上海宋慶齡故居中，看到一九五八年十二月五日，宋慶齡宴請當時朝鮮最高領導人金日成的菜單，甜點正是杏仁茶。金日成，亦即是金正日的父親，如今朝鮮最高領導人金正恩的祖父。當天吃的是晚宴，當中共有十四道菜，包括：冷盤、魚香雞絲、乾燒閩蝦、燴鴨掌、清炒蟹粉、雞絲魚翅、廣東燒鴨、卷筒津白、草魚、燉花膠湯、炒麵、八寶飯、油糕、杏仁茶。

由此可以看出，甜點就是杏仁茶。

第六章

國母的食譜外交

上一章提到，國母宋慶齡擅長做杏仁豆腐和杏仁茶，那麼，除此之外，國母還會不會烹煮其他菜餚呢？

宋慶齡喜歡烹飪，也精於烹飪。一生中，就算家裡有專職廚師或兼職做飯保姆的日子，她仍然經常親自下廚。在請客吃飯時，她總是自己訂下菜單，有時還會親自下廚，而且還懂得照顧朋友的口味。所以，幾乎所有較親近的朋友，都曾嚐過她的手藝。到她家中作客，宋常常會出其不意地說：「我給你們做個菜。」讓客人喜出望外。

中共元老鄒韜奮的夫人沈粹縝曾回憶：「抗戰勝利後，宋慶齡從重慶回到上海，邀請我到靖江路四十五號她的住處吃飯。她親自圍上小飯單（圍裙）下廚做菜。她做的鯽魚塞肉是公認的好味道。席間在座的還有廖夢醒等友人。」

尤其是一九四九年立國以後，政治環境較為穩定，不用顛沛流離，物質條件也較好，宋慶齡也更有心情和條件展示自己的烹飪手藝。

一九六四年，宋慶齡出訪錫蘭（今斯里蘭卡），提前飛抵昆明適應氣候，見到陪同出訪的女攝影師侯波，宋興之所至說：「我想親手給你做一樣菜，讓你嚐嚐我的手藝。我喜歡炒菜，這也是一門藝術。」結果，菜上桌，那是一道青椒鱔魚絲，侯波沒想到宋會炒菜而且手藝還那麼好，連連說好吃。宋聽後歡喜的說：「是嗎？既然你愛吃我炒的菜，那我每天中午為你做一樣菜。」結果她們在昆明停留了三十六天，宋真的燒了三十六道菜，沒有重複，而且味道都很好。

因為愛親自下廚，所以宋慶齡也愛收集食譜，家裡書櫃便藏有形形色色關於烹飪的書籍。一般情況下，宋是不收禮物的，但食譜除外，而且，對於送食譜的人，宋還會特別多謝。有時吃到好吃的菜餚，她還會請祕書詢問配料和工序，甚至親身向師傅當面請教。如果到訪的女客人帶來自己家裡做的點心或蜜餞、醃菜之類，宋還會請她們告知作法，好讓她也親自試做。

在北京宋慶齡故居，臥室和書房之間，有一個小廚房，裡面所有廚具、餐具，都是宋當年親自使用的。一台英製老式冰箱、一具台式電爐、一條藍底白點的棉布圍裙、砧板、菜刀，還有各種盤、鍋、罐。調味瓶上貼著的紙籤上，宋自己用中英文書寫的「玉蔻」（玉果、肉豆蔻）仍然清晰可見。除了為客人即興加菜之外，她還常在這裡烹製牛肉、豆腐、番茄、洋蔥、茄子等，分給工作人員品嚐。

宋慶齡還擅長以食譜來進行外交，當她請外國人品嚐中國菜時，如果客人是第一次吃到這種菜，她就詳細解釋烹調方法給他們聽，有時還把食譜和製作方法寫出來送給客人。例如一九五六年八月，宋訪問印尼，回國後，她特地搜集英文寫的中國食譜，要送給印尼總理的夫人，讓後者試著做，因為這位夫人也愛烹飪，而兩夫婦也愛中國菜。

以烹飪解憂

事實上，宋慶齡喜歡和朋友一起切磋烹飪，並把烹飪視作忘記煩惱和孤獨的一件樂事。

一九四八年四月，宋慶齡寫信給王安娜，信中說：「很高興知道你想找一天來我廚房比試一下你的手藝。那是很開心的，而且可以幫助你忘卻一切。」又有一次，一九五六年，她寫信給邱茉莉，信中也說：「等我從這些經常不斷的頭疼事（身體上的和精神上的）中解放出來，邱茉莉和我必須在廚房裡碰一次頭，試驗我們的各種菜譜。」

這或許反映了這位國母，在國父辭世後長達半個世紀的獨自寡居中，心中始終是孤獨的一個世界。

尤其是晚年，宋慶齡居住於北京，她在家裡一樓的小餐廳用餐，陪她一起用餐的是她的兩位女祕書黎沛華和劉一庸。但文化大革命時期，一些人興風作浪，但卻不敢直接針對宋，便指摘她的兩位祕書具有資產階級作風，憑什麼要讓別人送飯，而要求兩人必須和其他人一樣到院外的食堂去排隊買飯。為了息事寧人，兩人只好拿著飯盆去附近的機械工業部的食堂排隊。從這時起，宋就開始在樓上臥室單獨用餐了，讓這位國母晚年更形孤單。

雖然國母精於烹飪，但在其寡居生涯，她一個人其實吃得十分簡單。畢竟作為國父的忠誠革命夥伴，相信亦受到丈夫的慳儉作風所影響。

到中共立國後，宋慶齡貴為國家副主席，而更重要的是，為了統戰這位國父遺孀，也為了感謝昔日她在共產黨困難時，一直有雪中送炭的恩德，所以中共對她特別照顧有嘉。

宋慶齡家中有配給專職廚師，但她的伙食依然簡單，早餐是米粥或牛奶，兩片麵包加一點果醬，又或者小碟醬菜。她喜歡果醬，曾在寫給王安娜的信中說：「我這裡有兩瓶番石榴醬，一瓶給你，一瓶給廖夢醒。這是一種

北京宋慶齡故居中的會客廳

北京宋慶齡故居的臥室

熱帶水果醬，我很喜歡用它來抹烤麵包。」

除了果醬外，由於宋在美國唸書，故喜歡吃奶油玉米，更喜歡吃起司。也因為她曾經在日本生活過一段時間，照顧逃難到當地的國父，也因此喜歡上日本醬菜。對於調味料，她也很講究，曾請人從法國給她買回正宗的芥末。

午飯則是一葷、一素、一湯。中式、西式、日式都愛吃，或許是受到國父影響，她特別喜歡吃豆腐。主食為米飯或麵包，再配一道杏仁茶或布丁作點心。

晚餐大多是麵條、餛飩或魚粥等，再加一些水果。廚師張有透露，宋每月的伙食費也只不過是四十元人民幣，從她的工資中直接撥給廚房。

本文主要參考自何大章所著的《一個真實的宋慶齡》一書。何大章，宋慶齡故居主任，也是中國宋慶齡基金會研究中心常務副主任。曾經策劃和設計過宋慶齡和孫中山的生平展、圖片展覽近二十場。發表過關於宋慶齡的研究文章達四十多篇，亦參與編寫《宋慶齡年譜長編》等，更當過中央電視台紀錄片《宋慶齡》的總策劃。

第七章

國母與大閘蟹的恩怨情仇

很多人都喜歡吃蟹，但能夠從吃蟹中領悟出一番道理的，就非要數魯迅這位一代文學大師莫屬。

魯迅說過一句名言，那就是：第一個吃螃蟹的人是勇士。以此用來形容克服心理障礙、嘗試新事物的困難。

這句話其實是來自《今春的兩種感想》一文中，原文如下：「許多歷史的教訓，都是用極大的犧牲換來的。譬如吃東西罷，某種是毒物不能吃，我們好像全慣了，很平常了。不過，這一定是以前多少人吃死了，才知道的。所以我想，第一次吃螃蟹的人是很可佩服的，不是勇士誰敢去吃它呢？」

魯迅確是一位勇士，在民初年代，他致力於批判和打破封建禮教等舊傳統，領導新文化運動，一派「橫眉冷對千夫指」的氣魄，而剛巧他也十分喜歡吃蟹。

家住上海時，魯迅喜歡買大閘蟹回家自己煮來吃，煮法一般，就是隔水蒸熟，再用薑末加醋、加糖食用。

跟魯迅一樣，亦曾在上海居住的蔣宋家族，也同樣喜歡吃大閘蟹。

當蔣介石執掌南京政府時，每當秋天大閘蟹最肥美的季節，蔣家鄉裡的小妾姚冶誠，就會親自挑選最好的陽澄湖大閘蟹，再派專人送去南京。有時，為了方便運送，細心的姚夫人，更不單送活蟹，還會把大閘蟹精製為幾瓶蟹油、蟹粉送去，讓蔣介石吃麵或豆腐時，可以加上去，添加滋味，如同吃蟹粉拌麵、蟹粉豆腐一樣，省卻拆蟹的麻煩。

不單如此，姚夫人還為丈夫送去一個精緻小木盒，內有小鎚子、小鉗子、小匙羹等吃蟹工具，雖然未必像今天上海人般精細，可以搞出所謂「蟹八件」，即錘、鐓、鉗、匙、叉、鏟、刮、針，八件剝蟹工具，但以當時來說已經頗為講究，且都是鋼製，不怕生銹。蔣介石就憑這些小工具，敲打和剝開蟹殼，再把那橙黃色如珊瑚般的蟹膏，一匙羹一匙羹舀出來，再蘸上薑醋一起吃。

蔣介石宋美齡兩夫婦喜歡吃大閘蟹到一個地步，當大閘蟹當季的時候，就算他們要身赴外地，也要總務組把蟹帶上，以備路上食用。

前一章提到國母宋慶齡雖然平時吃得簡單，但其實她也有喜歡的食物，那也正正是大閘蟹。跟其妹妹宋美齡一樣，她也有皮膚過敏症，每次吃完大閘蟹都會發作，但即便如此，她依舊無法抵抗美食的誘惑，寧願先吃下抗過敏的藥，再吃蟹，大有「拚死吃河豚」的氣概。

宋慶齡自己喜歡吃蟹，也愛將蟹送給朋友們。尤其是她在上海和北京各有一住處，而大閘蟹乂是上海的特產，於是她常常托人把蟹從上海帶到北京，送給如毛澤東、劉少奇、周恩來等熟悉的國家領導人和好朋友。從現今存檔的書信中，可以看到周恩來、鄧穎超和其他朋友，向宋贈蟹表達謝意的信件。

例如劉少奇的太太王光美便曾透露，劉家裡人多，食指浩繁，在那個年代，雖然貴為國家主席，但卻工資有限，所以生活上得精打細算，有時到了週末，宋慶齡便會送來一些大閘蟹，而家裡貪嘴的小孩，總是悄悄盼望著這位宋媽媽的餽贈。

其實，在權延赤所著《走下聖壇的周恩來》一書中亦有提到，宋慶齡知道周恩來喜歡吃陽澄湖的大閘蟹，她每年八、九月間，都會從上海帶些蟹到北京給他。周收到蟹後，愛與別人分甘同味，有時會找來好友陳毅夫婦，即中國外交部長一起吃，否則的話，也會與工作人員一起吃。書中還特別提到，如果是宋親自把蟹送來，周會親自接，如果是由她的副官送來，就會由周的副官接，兩方都不會託人代送代收，當中有著審慎的保安考慮，這是受到蘇聯工作方式的影響，食物都嚴格經化驗才能送給領導人吃。

第五章提到我到上海參觀宋慶齡故居時，看到的國母宴請朝鮮最高領袖金日成菜單，當中也有清炒蟹粉這一味，或也反映國母對大閘蟹的偏愛。

當四人幫在中國肆虐，橫行無忌時，國民敢怒不敢言，只能隱晦的作出諷刺，以蟹作出暗喻，取其橫行之意。一九七六年，當四人幫下台時，人民都搶購螃蟹，以吃蟹來作慶祝，而且要吃「三公一母」，其意取自：「三公」是張春橋、姚文元和王洪文三人，「一母」則是江青。就連這位國母也不例外，立刻囑咐工作人員自己要吃「一母三公」，就連後者建議因為時令關係，還是母的好吃，她仍然堅持先吃「一母三公」。社會上流行的說法是

「三公一母」，而宋卻偏偏說「一母三公」，見微知著，可以看出她對出名霸道的江青尤其厭惡。

宋慶齡的老朋友鄧廣殷，後來展示了宋寫給他的近百封書信，在一九七七年六月二十六日的信中，宋抄錄了幾首在民間老百姓間流行的詩，其中一首叫《賣螃蟹》，內容如下：

西單賣蟹眾稱奇，一母三公搭配齊。
道似一鍋烹四害，橫行看彼到何時。

宋對四人幫的厭惡，也可見一斑了。

本文參考自蔣介石在大陸年代的侍從副官居亦僑所撰寫的回憶錄《跟隨蔣介石十二年》、權延赤所著《走下聖壇的周恩來》，以及何大章所著的《一個真實的宋慶齡》三本書。

第八章
宋靄齡擺的「乳鴿奪夫宴」

很多人都知道，蔣介石的太太是宋美齡，但卻未必知道，其實在這之前，蔣已經有三位太太，他為了宋美齡而拋棄糟糠之妻，當中還鬧出一個「乳鴿餐」竟成「奪夫宴」的故事。

話說蔣的元配夫人是毛福梅，但這卻是十四歲時父母為他娶的，是個纏足的舊式女子，相貌平平，蔣與她並無感情基礎，但卻為蔣生下蔣經國這個兒子。後來，蔣年輕時在上海打滾，先娶了歡場女子姚冶誠為妾侍。隨著蔣投身政治，再認識了陳潔如，她是一位受過現代教育的大家閨秀，可以陪蔣在政圈出得場面見得人。最初陳母嫌蔣早有妻妾而不答允其提親，但蔣卻窮追不捨，並承諾與妻妾脫離關係，最後才勉為其難，讓女兒下嫁他。

後來蔣又遇上背景更好、才貌更出眾的宋美齡，更認定宋家的聲望、人脈可以幫自己在政途上更上一層樓，於是便設法攀附；而宋家，尤其是三姊妹中嫁了個大財閥的大姊宋靄齡，亦想透過妹妹的婚事，來個錢權交易，建立中國當時最大勢力的集團，可謂各取所需。

這段政治婚姻是從一餐晚飯開始。一九二六年某個星期六的晚上，大姊靄齡第一次請蔣兩夫婦到她家裡晚飯，並說為兩人準備了別緻的乳鴿餐，其實是想近距離觀察蔣。陳潔如在其回憶錄透露，丈夫因公事遲到，所以變成她要獨自面對靄齡、美齡兩姊妹，兩人不斷嘗試從她口中套取其丈夫的狀況，例如脾氣，以及與其餘兩位太太（毛福梅和姚冶誠）關係等。

等到蔣介石來了，晚餐開始，陳回憶，菜式是歐式，第一道菜是濃肉湯，第二道是煎鰈魚，主菜是一隻大乳鴿，乳鴿置於一片鑽石形狀的烤麵包之上，碟子旁邊的配菜有芹菜和薯片。美齡更說：「吃乳鴿就像吃芒果，這兩樣東西都應該以手指頭撕著吃，而且……不能給人看見……所以請大家在這桌上靜靜的吃。不過，我警告大家，誰也不許同別人講話，也不許看別人，直到吃完這隻乳鴿為止……如果無異議，那麼我們現在就開始享用它。

當心要兩眼注視你的盤子，不要東張西望……」

陳說，奉此警告，大家都遵命行事，靜悄悄的吃。這隻乳鴿果然也沒有讓人失望，陳說「真是美嫩可口，甚至骨頭都是酥的」。

飯後，宋家兩姊妹還想留陳在家裡過夜，徹夜長談，但陳也不蠢，知道對方想繼續向自己套話，於是婉拒。寫到這裡，陳在回憶錄中幽幽的說：「這個小晚宴只是一次普通聚會，我再也想不到，也不能相信，這竟是謀奪我的蔣介石妻子地位的長期陰謀之開端。」

一九二七年年初，蔣介石與國民政府當權派如汪精衛和胡漢民矛盾日趨白熱化，關係緊張，遭到排斥，宋藹齡這時一力促成蔣、宋兩家聯姻，游說妹妹美齡下嫁，三弟宋子文（當時國民政府的財政部長）投蔣，以及策動上海資本家以財政支持，作為蔣的靠山。

三月，蔣介石與宋靄齡在江西九江一艘輪船上進行了二十四小時的密談，結果達成了這場政治婚姻的協議。宋向他承諾：「我不但要如你所願，慫恿我的弟弟子文，脫離漢口政府，而且還要更進一步；他和我並將盡力號召上海具有帶頭作用的大銀行家們，以必要的款項支持你，用以購買你所需要的軍火，俾得繼續北伐。我們擁有所有的關係和門路。你自己知道，你不會再從漢口（筆者註：當時國民政府所在地）獲得任何經費或支援。而作為交換條件，你要同意娶我的妹妹美齡，也要答應一俟南京政府成立，就派我丈夫孔祥熙擔任閣揆，我弟弟子文做你的財政部長。」

蔣回家後，向太太披露了宋的建議，並說：「我已走投無路……她說的話卻有道理。我不能期望漢口方面再給我任何金錢、軍火及補給，所以如果我要繼續貫徹我那統一中國之計劃，她的建議乃是唯一解困之道……懇求你不要反對。」「避開五年，讓我娶宋美齡，獲得不理漢口、繼續推進北伐所需要的協助。這只是一樁政治婚姻。」

經不起蔣的連番游說，陳潔如無奈離開，返回娘家。到了八月，蔣更前赴太太娘家，且提出要求太太赴美五年，蔣說：「妳之必須遠走美國，是宋靄齡的條件之一。潔如，我明知請妳這樣做，是過分了，但我也完完全全是為了中國的統一……妳如留在上海，這全盤交易就會告吹。妳還不瞭解我的苦楚嗎？」想不到，蔣竟可以說出如此厚顏的話，他甚至已經帶來了船票，叫陳出國五年研究政治和公共行政，以便回國後為南京政府服務，以及「恢復婚姻關係」云云，他甚至走向佛前起誓，並稱若然違誓，必遭我佛「殛斃」，以及把其「南京政府打成粉碎」。

陳潔如遂被迫以大局為重而勉強答允，讓蔣宋聯婚得成。後來蔣北伐成功，大權在握，但之前那個所謂「五年」的承諾，卻被拋諸腦後。

就是如此，在宋藹齡的策劃下，宋家發揮了重要角色，在中國近代史上走出最重要的一步：幫助當時仍是國民黨「非主流派」的蔣介石東山崛起，把孫中山兩位接班人汪精衛及胡漢民，通通取而代之；另一方面，亦建立了蔣政權與江浙財團的緊密關係，奠下了政權的階級本質，以及中國隨後二十多年的走向和命運。

主僕緣盡，香港人有所謂請吃「無情雞」；但想不到，最無情的，卻可能是夫婦分手，請吃「無情鴿」。

本文參考自陳潔如著，《陳潔如回憶錄》。

第九章
蔣介石吃雞不見雞

究竟蔣介石這位權傾一時，曾經在大陸時統治過一個異常貪腐的國民政府之軍政強人，他又喜愛吃些甚麼呢？鮑參翅肚、山珍海錯？答案都不是。

居亦僑自從一九三五年起，當上蔣介石的侍從副官，直到一九四七年被辭退，後來他撰寫了回憶錄《跟隨蔣介石十二年》，當中對蔣在這段期間的起居生活習慣，都有所紀述。

蔣介石出身軍旅，其實生活作風十分簡樸。一九二四年，孫中山委任蔣介石當黃埔軍校校長，期間，蔣鼓勵校內勵行節約，無論師生都吃得十分簡單，但作為校長，他的營養還是受到特別照顧，但也只不過是讓他吃隻雞蛋，那就是後來被稱為黃埔蛋的炒雞蛋。

黃埔蛋的作法很簡單，那是把雞蛋加入鹽、糖、胡椒粉、蔥花、料酒，用力打勻，燒紅鐵鍋，澆上花生油，待油滾時澆上一匙雞漿，猛火快炒，再澆上花生油，再澆上蛋漿，如此炮製出來的雞蛋如千層糕一般，嫩滑甘香。

據居亦僑回憶，當年在軍校烹製黃埔蛋的是位姓嚴的廣東大娘，她原是珠江遊艇上的船娘，煮得一手好菜，她的另一拿手好菜是三味雞，吃來不油不膩，美味可口。到了一九三六年蔣介石重臨廣州，興之所至，重訪舊地，住進黃埔軍校的舊址內，想起那位嚴大媽，並感慨說：「不知能否找到她，讓我們再回味、回味十年前的黃埔蛋。」左右聽到後又豈敢怠慢，忙四處去找，結果在田裡找到幹活的嚴大娘，此時她已近五十歲，但仍身體健壯。蔣見到嚴大娘，十分高興，接她進屋，視為上賓，並問她十年來可安好，對著這位如今貴為總統的老校長，她仍是不亢不卑的回答：「生活還正常，還過得去，仍在船上做菜。」知道蔣想吃黃埔蛋，便馬上進廚房為他做了一份，蔣吃後，連聲讚好。

蔣喜歡吃黃埔蛋的原因之一，是因為其牙齒不大好，不能吃太硬的東西，因此柔軟易咀嚼之物如黃埔蛋，便特別適合他進食。

在權延赤所著《走下聖壇的周恩來》一書中提到，周恩來容易流鼻血，太太鄧穎超聽從中醫意見，認為那是周「燥底」，因此不能吃雞，所以嚴格規定家中廚子不要給周吃雞或雞湯。

但蔣介石則不同，除了喜歡吃雞蛋之外，更喜歡喝雞湯。蔣在飯前有喝雞湯的習慣，所以每一天，其廚子都會為他準備一隻老母雞，用來熬雞湯，這也成了其官邸飲食的基本台柱。

國立中正紀念堂委託學者專家，國史館陳立文博士所撰寫的《蔣中正的生活拾趣》一書中，亦有提到蔣介石喜愛雞湯，早、中、晚都要喝，並引述曾當過蔣台灣官邸大廚的蔣茂發，介紹雞湯的作法：「就是要老母雞，嫩雞燉湯是沒有味道的，老母雞燉湯放在冰箱會打凍，裡面加一點金華火腿啊，提點香味，蔥、薑、酒要放，要蓋腥的味道。燉好了這湯要去油，用個紗布把油過掉。因為要把油過掉，再放到冰箱裡，燒好了不能放在外面，一定要放在冰箱裡冰起來，不要冰凍啊，就是普通擺蔬菜的地方也可以。」

蔣介石不僅愛喝雞湯，也愛用雞湯做的菜餚，最愛是雞汁芋頭，這是其江浙家鄉菜。這道菜不僅為他帶來家鄉記憶、有營養，且軟爛可口，對於牙

黃埔軍校校長室，即蔣介石的辦公室。

黃埔軍校食堂

齒和胃都不好的蔣，無疑是最佳食材。

蔣茂發又介紹過台灣官邸的幾樣拿手好菜，如紅燒獅子頭、蔥烤鯽魚等，當中尤其值得一提的一道，就是雞蓉豆腐。那是把雞肉剁碎，豆腐則擠出水分，壓碎之後，與雞蓉攪拌一起，再捏成長條，下鍋快炸，再用雞湯燴一下，便可上桌，與坊間主要是蒸的作法有所不同。

因此，炒雞蛋、雞湯、雞汁芋頭、雞蓉豆腐，都是蔣介石的至愛菜餚，四樣都與雞有關，但卻是「吃雞不見雞」，軟爛易入口。

此外，蔣也喜歡吃木瓜，但他不是一開始就喜歡吃木瓜，但在聽從醫生和宋美齡的建議，發現這有助減輕困擾他多年的胃病，最後成了他的早餐必吃。

蔣的早餐食譜是固定的，被隨從稱為「早餐三味」，當中便有前面提到的炒蛋和木瓜，以及醬瓜。

醬瓜是蔣的童年回憶，他自幼喪父，家境清貧，很多時候只能靠醬瓜來配飯充饑。醬瓜的製作方法十分簡單，那是把小黃瓜放入煮沸的鹽水當中，然後再放進醬缸醃漬，一、兩個月即成。後來到了台灣，由於當地不產小黃瓜，其官僚甚至要到日本專門購買，以保證早餐有得供應。

提到醬瓜，便不得不提蔣介石最喜歡吃的家鄉寧波風味，而提到其家鄉風味，就不得不提其原配夫人毛福梅。

之前提過，蔣有四位太太，按先後次序，分別是毛福梅，姚冶誠，陳潔如和宋美齡。蔣在十四歲時，經媒妁之言，娶了同村的毛福梅，而這位夫人正是蔣經國的母親，他雖然不如宋美齡般風華絕代，儀態萬千，卻深具中國傳統女性美德。

關於蔣喜愛家鄉口味，以及毛福梅的賢良淑德，最瞭解的莫如蔣在大陸年代的侍從副官居亦僑，他在《跟隨蔣介石十二年》一書中有詳細紀述。

蔣介石是浙江奉化人，當地水產豐富，除了一般海鮮之外，蔣尤愛吃奉化的蛤子，以及當地盛產的牡蠣。當蔣介石在南京主政時期，毛福梅知道蔣愛吃家鄉菜，每年都會定期做好一些家鄉菜，託人送到他的南京官邸，例如前述的蛤子、牡蠣，還有文蛤、風乾鰻魚等，這都是南京市面買不到的海鮮。

正如前述，蔣還喜愛吃雞汁芋頭，還有雪裡紅肉絲湯和大湯黃魚這些家鄉菜。毛福梅便把家鄉溪口盛產入口即化的芋頭，定期送到南京官邸，再由廚子加以雞汁炮製雞汁芋頭給蔣食用。

毛福梅亦醃漬雪裡紅、腐乳、臭冬瓜等，尤其是臭冬瓜，她更有一套獨門祕方：在醬缸內，除了冬瓜之外，再放一些老莧菜梗，讓兩樣東西一起發霉後，「臭味相投」，相得益彰。她把這些醃漬菜定期送到南京官邸，成了蔣介石餐桌上不可缺的家鄉風味，這位遭蔣遺棄的元配夫人毛福梅，實在有中國傳統女性的美德。當時有人便調侃說：「縱有珍饈供滿眼，每餐味需卻酸鹹」，以此來揶揄宋美齡。

蔣介石偶爾和宋美齡回故鄉溪口老家小住，毛福梅總要親自下廚為蔣燒幾道家鄉菜和點心，如雞汁芋頭、雞汁青葉燒冬粉、寧波湯圓等，當她在廚房燒好菜後，就悄悄從後門溜走，避免與蔣、宋兩人碰面而尷尬。溪口人對她都極其尊重，尊稱她為「大師母」。一九三七年蔣介石的兒子蔣經國在蘇聯勤工儉學十二年後返國，隨同他返國的還有他在蘇聯娶了的夫人蔣方良，這位媳婦在溪口住了一年陪伴毛福梅，最愛吃這位婆婆做的點心。

至於菜館，蔣介石其中一間心頭好，就是西湖的「樓外樓」，喜愛的菜式包括西湖醋魚以及醉蝦。無論是一九二七年第一次下野，以及一九四九年再度下野，他在回鄉途上，都有特地光顧這間菜館，並吃西湖醋魚這道菜。一九二七年那一次，他還能邊吃邊談笑風生，對下野淡然處之；但到了一九四九年那一次，他卻幾乎食不下咽了。

居亦僑記得蔣介石在樓外樓吃得最興奮的一餐飯，是一九三七年兒子蔣經國歸國，蔣、宋兩夫婦晚上在樓外樓設宴為兒子一家接風，席間宋美齡還告訴媳婦蔣方良，她老爺如何喜歡西湖醋魚這道菜，以及解釋有關作法。

一九四九年後，蔣介石被迫遷到台灣，西湖已無法可到，那裡的醋魚亦無法可嚐，便移情至台中的日月潭，以及當地盛產、人稱之為曲腰魚的魚。這種魚在獲得蔣青睞之後，聲名大噪，被改稱為「總統魚」，成了日月潭很多餐館招攬客人的噱頭菜。

最後，順帶一提，這位蓋世梟雄，當然日理萬基，那麼他又會不會親自下廚呢？

《蔣中正的生活拾趣》書內引述後來獲公開的《蔣中正日記》，民國三十六年九月二日那一則，有以下這段：「正午到黃龍潭野餐，瀑聲古樹，仍不能滌蕩我憂患，唯妻煮菜余炒飯甚覺難得之樂事也。」現在國史館還珍藏了

蔣介石於黃龍潭親手做蛋炒飯（圖片來源／國史館）

蔣介石與宋美齡於黃龍潭野餐（圖片來源／國史館）

當日蔣在郊外席地炒飯的照片。

其實在蔣的日記中，曾多次提到自己炒飯，例如民國四十五年七月二十八日那一則，又有以下這段：「十一時後與妻帶熊、虎（筆者按：此乃宋美齡姪子宋伯熊和宋仲虎）等往溪內觀瀑布，以大雨之後，其瀑更為雄狀可觀，留戀不已，余自廿年前在南京紫霞洞野餐，手炒蛋飯後久不作此，今復重試，共未退減，其味更美，同食者讚美不絕，且全部食光也。」

究竟蔣介石的炒飯是否真的這樣好吃，我不知道，只知道如果今天習近平同樣興之所至，炒飯給旁人吃，後者又哪敢不賞面、不讚美不絕、不全部食光嗎？畢竟他們都是剛愎自用的專制獨裁者啊！

本文參考自蔣在大陸年代的侍從副官居亦僑所撰寫的回憶錄《跟隨蔣介石十二年》，在台灣年代的貼身衛士翁元所他撰寫的回憶錄《我在蔣介石父子身邊的日子》，以及國立中正紀念堂委託學者專家，國史館陳立文博士所撰寫的《蔣中正的生活拾趣》，共三本書。

第十章

蔣介石喝白開水也喝可樂

蔣介石出身軍旅，生活作風十分簡樸，更講求紀律。副官居亦僑回憶，蔣不喝酒，甚至不喝茶，只喝白來水，一般來說，喝的是礦泉水或蒸餾水。至於酒，只在宴請外賓時，才勉強抿一點。

蔣更不抽菸，在接見黃埔軍校出身的將領時，如果聞出對方身上有菸味，準要大發脾氣，斥罵對方，因為他斷定「吸香菸者一定會愛吸鴉片」。蔣只對其文膽陳布雷網開一面，蔣對陳鍾愛有嘉，甚至會把外賓送的香菸轉贈給他。那些菸癮大的人要見蔣，都會先躲在陳的辦公室裡先狂抽幾口，再脫下衣服在風口處吹吹，才敢進蔣的房間。

到了台灣後，貼身衛士翁元亦提到蔣仍舊愛喝白開水，每朝他盥洗完畢，侍從就會奉上兩杯白開水，都是三百毫升容量，一杯是溫的，一杯是燙的，他先喝溫的，喝完後便靜坐，之後那杯原來是燙的已經變溫，可以喝了。給蔣喝的水不能太燙也不能太冷，要在攝氏四十度左右，否則必會被他罵得狗血淋頭。

但根據陳立文所撰寫的《蔣中正的生活拾趣》，書中引述蔣侍從的口述，蔣卻是以三杯開始一天的生活，一杯溫水，中間一杯燙水，還有半杯奶粉水，並說那是抗戰時期的習慣，到了台灣後像是沒有了。

翁元亦提到，蔣在台灣時愛上喝可口可樂，所以在離開官邸時，副官除了帶一瓶熱水、一瓶冷水之外，也會帶上兩瓶可口可樂，讓蔣心血來潮時有得喝，而他喝可樂從來不喝冰的，最喜歡開瓶時，汽泡猛湧的情景，也最喜歡喝這些氣泡。

陳立文亦引述了蔣侍從的說話，證實了這個講法，說蔣除了白開水之外，就只喝這種飲料，也說他最愛就是那些氣泡。書中且提到這些可樂其實是美軍顧問團的補給品，外面很少見，所以蔣沒喝完的（他把可樂從瓶子倒進杯子裡喝），侍從也會拿剩下的半瓶去分享，畢竟那時物資匱乏，不想浪

① 總統府內的蔣介石辦公室，蔣辦公桌上擺放的，也是水杯。

② 其他座位擺放的都是茶杯，唯獨蔣介石座位擺放的是水杯，證明他喜歡喝水。

③ 南京國民政府總統府內的國會會議廳

費。

不錯，可樂原產於美國，二次大戰時才流出國外，這與戰爭有關。軍方認為它既提神又不會醉人，可讓士兵一解思鄉之情，藉此鼓舞士氣，好讓他們在戰場為國家拚命。因此，可樂成了戰時美軍標準的補給品。舉個例，一九四三年夏天，當美軍首次登上西線戰爭舞台，艾森豪在北非給美國陸軍參謀長馬歇爾發出的急電中，便提出：「本軍先行要求三百萬瓶可口可樂，以及每月可以生產兩倍數量的完整裝瓶、清洗封蓋設備等，並請提供護航。」

在可樂公司檔案館裡珍藏的信件中，便有不少有關紀錄。其中一封由戰時士兵所寫的信，內容如下：「如果有人問我們戰鬥之目的是甚麼，我想有一半人會說：是為了能再買到可口可樂喝。」當然，信不信由你。

除了一般士兵外，美軍陣中不少名將，都是可口可樂的擁護者，例如「鐵血將軍」巴頓，無論他轉戰至哪一處地方，都會帶著一大批可樂，其他的還包括布萊德利、麥克阿瑟，以及最重要的一位——盟軍歐洲戰區總司令艾森豪。他們都為可樂在軍中的生產提供了不少方便。

一九四五年六月，歐戰結束後，艾森豪從戰場凱旋歸來，有人為這位戰爭英雄準備了一桌豐富的午宴。餐後，大家再恭敬的問艾帥，還想要點什麼？艾帥答說：「可否給我一杯可口可樂？」主人家旋即奉上。當把那杯可樂一飲而盡之後，艾帥嚴肅的說：「我還有一個請求。」大家立時屏息以待。你猜艾帥的要求是甚麼？

答案原來是——「我還想多要一瓶可樂。」

或許，蔣介石也受到他這些軍事盟友所影響，因而在戰後愛上了可樂吧！

本文參考自居亦僑所著《跟隨蔣介石十二年》，翁元所著《我在蔣介石父子身邊的日子》，以及陳立文所著《蔣中正的生活拾趣》，共三本書。

第十一章
宋美齡的餐桌內外交

宋美齡是一個人物，在西安事變中，她表現出冷靜沉著和指揮若定，力阻蔣石身邊一眾虎狼之將，不顧蔣之安危，揮兵進攻及轟炸西安，圖謀不軌。她又與三哥宋子文飛赴西安，深入虎穴，與張學良談判，毫無懼色，比起今天那些只起襯托作用的第一夫人，水平不可同日而語。

宋美齡更大的政治舞台還在後頭。二次大戰期間，她獨自訪美，期間流露出非凡的政治魅力。一九四三年二月十八日，她在美國眾議院發表演說，向美國人道出中國舉國上下奮勇抗日的艱苦及決心，希望藉此說服美國進一步伸出援手，支援中國抗戰。當時穿著一襲黑色旗袍的宋美齡，不單雍容華貴，豔光四射，而且自幼在美國名女校衛斯里學院留學的她，更說得一口流

西安張學良公館大門

西安張學良故居內的西安事變蠟像展品

利、道地的英語，作為第一位在美國國會發表演說的東方女性，她成功俘虜了美國人的心，當時國會議員站立熱烈鼓掌達四分鐘，更登上美國《時代》周刊雜誌封面人物，這都為人津津樂道。

就是美國國會演說這一幕，讓宋美齡成了中國史上，在國際外交舞台上最光芒四射的第一夫人。

宋在社交應酬場合，總能展現出其熱情好客、八面玲瓏的一面。例如做東請客時，她會充分考慮到與會者的好惡，又或者外賓的國藉和該國飲食習慣來準備食物。例如，如果有英國客人，她就會叮囑廚師要弄英式烤雞；如果有義大利客人，她就要點通心粉和起司；如果是法國客人，她就會預先準備好幾碟上好的法國大菜，以及法國人喜歡的羅宋湯；如果有美國客人帶同夫人出席時，她就會吩咐一定要有美式的青菜沙拉；如果是德國客人，就準備一碟道地的德國牛排。她也會在晚宴上點上紅色蠟燭，為晚宴平添浪漫色彩。這都顯示她對客人的尊重，讓客人能感受到女主人的體貼入微。

還有，如果有多國客人同時在場，她就會充分展現自己在飲食上的見多識廣，準備一些各國客人都能同時合口味的混合性西餐和菜餚，例如鮑魚和中國的白汁桂魚，至於湯則有牛尾湯和蔬菜湯。如果廚師端上來的是淡湯，那麼她還要再叮囑上一些諸如紅燴豬和蠟燭雞來搭配。蠟燭雞以奶油為內餡，而外面則捲上一層中國雞肉（筆者按：這該是如今稱為基輔炸雞的菜式），這道菜往往會在宋美齡和蔣介石做東的宴會上，不斷地激起一陣又一陣熱烈的喝彩聲。

當然，宋美齡也不會獨沽一味以西餐設宴，在中國大陸的年代，宋也會以中國菜來招待蔣介石邀請的重要客人，例如國民黨的高級將領和地方大員。這時，宋就不會以自己喜歡的西菜來設宴，因為客人未必會欣賞西菜，反而會因吃不慣而胃口大減。宋會預先按客人的省籍，來擬定適合他們口味的中國地方菜餚，也就是在這個時期，在與中國各派政治勢力頻繁接觸的過程中，宋慢慢深入瞭解到中國不同地方菜系的特色。

各路軍閥來自不同省分，例如山東軍閥喜歡魯菜、四川軍閥喜歡川菜、浙江軍閥喜歡浙江菜、東北軍閥喜歡北方菜……，宋美齡在二、三十年代親自陪同蔣介石到各地視察軍務，在接觸各派政治勢力的同時，也熟悉了他們所喜歡的菜系。宋從一個眼中只有西餐的女性，慢慢轉化成為一個中西飲食皆有心得的第一夫人。

抗戰時期，國民政府遷都重慶，這也讓宋美齡認識及喜歡上四川菜，同樣的食材，一落入川菜師傅手上，就滋味無窮。本來辛辣對於刻意保養身體和臉部的宋美齡來說，實屬大忌，她在南京和上海時期對此都是避之則吉。但人的適應能力很強，抗戰期間生活在四川長達八年，宋對於辛辣便慢慢習慣，以至喜歡上，有時她甚至主張在她的湯、菜裡放些少許辣椒油，藉以調味。

在台灣的士林官邸，蔣宋兩夫婦很少擺家宴，通常是每年過節，如舊曆春節、端午、中秋和耶誕節，而出席家宴的人，也大多都是兒子和媳婦，以及一眾孫兒。全家人聚在一起吃飯，固然十分歡喜，但與蔣宋兩位大家長、政治巨人同桌吃飯，後輩都不禁誠惶誠恐，哪怕是蔣經國和蔣緯國。而宋就會在這時給所有的子女和孫兒們親自夾菜，但有時反而令後輩吃得不舒服。其中蔣緯國不習慣與宋美齡在一起吃飯，就是一例。

翁元在回憶錄中說：「在吃的方面，老夫人講求精緻，但是，在官邸作客的話，大概沒有人不怕老夫人奉菜的。就以蔣緯國來說，他就對老夫人夾菜給他感到非常『痛苦』。因為老夫人為了自己保持好身材，本人吃得很少，

南京蔣宋故居「美齡宮」內，展示蔣介石及宋美齡的印章，以及仿製簽名。

可是卻拼命搛菜給他。通常官邸若有老夫人在的場合家宴或對外宴客，常常吃西餐或中餐。官邸餐聚比較講究，每位面前放一個大盤子，進餐時，只見老夫人不斷在席間給緯國先生夾菜吃，明明他已經吃飽了，可是老夫人還是不停給他夾菜，夾了幾次，緯國將軍已肚腸飽脹，再也吃不下了，已經夾在面前的菜餚非把它吃完不可，這是他一向的習慣絕不浪費，所以他經常開玩笑，在士林官邸吃飯，從來沒有不吃撐肚皮的。」

本文材料來自竇應泰所撰寫的《破譯宋美齡長壽密碼》，以及翁元所撰寫的《我在蔣介石父子身邊的日子》兩本書

第十二章 宋美齡愛美愛養生

之前提過，宋慶齡喜歡烹飪，也精於烹飪，那麼妹妹宋美齡又如何？且看以下這個例子。

話說一次假日，宋興高采烈的提出要去野餐，蔣欣然贊同，於是準備了簡便廚具、餐具、調味品、食物，便驅車到中山陵園，宋親自燒菜，只是很簡單一味炒雞蛋，看了之前章節大家便知道，那是蔣的至愛。但結果因為火太猛，蛋炒得一片焦黑。宋向蔣表示歉意的說：「我不會燒菜，雞蛋炒得不能吃了。」不願把炒蛋拿過去。但蔣卻一定要拿過來吃，更席地而坐，吃得津津有味，還連說：「好吃，真好吃。」把炒蛋一掃而光。這顯示了兩夫婦恩愛的一面。

不會煮，那又是否懂得吃？這位第一夫人，個人飲食口味又如何呢？

這樣一位從小在美國受教育、說得一口道地英語的貴婦，生活作風自然十分洋化，飲食口味也是一樣。每天早、午、晚三餐，兩人雖是同桌吃飯，卻分開上菜，她有她吃西式，蔣有蔣吃中式，兩人互不干涉。

之前提過那位為蔣介石、蔣經國兩父子當貼身侍衛，直到兩人壽終正寢為止的翁元先生，以及他所撰寫的回憶錄《我在蔣介石父子身邊的日子》一書，其實當中也有提到相關的一幕：蔣介石見到宋美齡總愛吃青菜沙拉，就跟她開玩笑：「你真是前世羊投胎的，怎麼這麼愛吃草呢？」這時宋就會不甘示弱，還以顏色的說：「你把鹽筍沾上黑黑的芝麻醬又有甚麼好吃的呢？」不過這只是彼此調笑，兩人從來不會勉強對方，彼此各安其食。

但要瞭解宋美齡的飲食，著名民國史研究者，專門研究蔣氏家族的竇應泰，他所撰寫的《破譯宋美齡長壽密碼》一書，更有參考價值，書中對宋美齡的衣食住行，都有不同章節，分別作出詳盡的描述，本文集中引述書中有關飲食的部分。

宋美齡早年在美國留學時養成的飲食習慣，影響其一生。她曾回憶說，她本來嗜甜，但房東老太卻告訴她，若然長期吃甜食，將影響心臟。後來又見到那位老太總愛吃青菜沙拉，七十多歲比起自己二十多歲身體還要好，健壯如牛，才讓她明白吃青菜沙拉的好處。再加上衛斯里學院的集體飯堂中，已經開始試行「多吃蔬菜」的新式飲食結構，駐校營養師對食譜中肉類和蛋類的比例控制十分嚴格，讓她的飲食習慣不得不改變。

宋學成回國後，繼續維持讀書時的飲食習慣，每餐必吃青菜沙拉。這在當年的上海可謂十分異類，因為在當時的舊中國，人們仍是貪婪的以食用肉類、高蛋白食物以及甜食為榮、為樂。相反的，宋就是如此重視營養學，年屆中年後，她甚至在身邊配備了一名營養師，當然以她這樣風姿綽約的一位女士來說，除了長壽之外，保持自已身段的苗條婀娜，更是一大重要考慮。

根據宋早年在南京和重慶時期身邊的醫官回憶，宋對於生吃蔬菜非常有研究，認為蔬菜大多在加溫過程中遭到破壞，營養價值受損，所以還是適宜生吃，這是她喜愛沙拉的原因。宋尤愛吃菠菜，因為這不單含有豐富蛋白質，且還有多種維生素和礦物質。宋也愛吃芹菜，因為這不單有助防止血管硬化，同時也對她所患的神經衰弱大有益處，她當時睡得並不好，所以聽了醫生建議吃西芹，有一段時間，幾乎每餐飯都要求廚師為她特別炒一碟西芹肉絲。

當然，這也並不代表宋完全不吃肉，正如前述，宋平常吃的是西餐，因此牛排、豬排、雞肉等，都曾經是她桌上的常見菜式，這習慣一直到她在台灣生活的早期，也不曾改變。只是她十分有節制，因為要控制身段不至發胖。

對於今天很多女士來說，要保持苗條身形體態，可以多吃海鮮，但問題是宋美齡卻是絕對不敢吃海鮮的，尤其是鯉魚、鰻魚、黃花魚、鱈魚、蝦仁、海蟹、海參、海帶、海蝦等，一向敬而遠之，這不是口胃的問題，而是海鮮會讓她的皮膚病復發，奇癢無比。可是，不知為何在晚年，在美國紐約生活以後，宋的情況卻有所好轉。據蔣介石的「御醫」熊丸先生所撰寫的《蔣介石私人醫生回憶錄》書中所說：「過去夫人有許多東西不能吃，她對魚蝦過敏。但上回我到美國看她時，發現她對魚蝦已不那麼敏感了。」

宋美齡早年在南京和上海生活期間，還有一個飲食習慣，那就是喜歡喝牛奶和參湯。那時她相信多吸收蛋白質是長壽的祕訣，所以喜歡喝牛奶，也會吃肉類。根據蔣介石在大陸時的侍從居亦僑其回憶錄《跟隨蔣介石十二年》

一書記載：「宋美齡愛吃西餐、西點，早晨是優酪乳和牛奶、烤雞、豬排、白脫（筆者按：即牛油）麵包、沙拉之類。」她又以為人參湯喝得越多，對體質健康越加有益。直到到了台灣以後，才漸漸更正了這些想法。

後來，聽了醫生的勸告，宋將喝牛奶改為喝燕麥粥。原來宋美齡自從一九六三年開始患上了便祕，醫生強烈建議她每天服用一碗燕麥粥。大家都知道，燕麥含水溶性食用纖維，對於腸的蠕動有很大幫助，是醫治便祕的最好食療，比服藥好得多，所以醫生建議她以燕麥粥來取代她常喝的牛奶。更何況，宋還發現燕麥粥有另一大好處，那就是可以降低體內的膽固醇。

當時的宋所吃的燕麥，並非台灣本土出產，而是蔣介石令國民黨用外匯從新加坡和泰國等東南亞國家購買，然後空運到台北。所以這些看起來便宜的燕麥片實則上相當昂貴。蔣介石病逝後，宋因為種種不順心而遠飛美國，定居在紐約城郊的孔氏（即姊夫）大宅裡。在這裡她仍然堅持每天吃燕麥粥，不過這時她所吃的已是美國當地出產的普通貨了。

一位在她身邊的侍從回憶：「她一般仍然在上午十一點左右起床，洗漱後約十二點來到飯廳。她的早點很簡單，就是一杯檸檬水、一碗燕麥粥和一杯熱咖啡。」

宋美齡認為自己之所以長壽到百餘歲，與她長期以來飲用燕麥粥的習慣有著直接關係。

宋也喜歡吃水果，但更多是出於美容和養顏的考慮，而非口味的問題。她分得很清楚哪一類水果對她的養顏有哪些益處。她最喜愛的是台南的西瓜，在夏季天氣炎熱時，她的房間裡幾乎每天必備一、二個大西瓜，以便隨時切來食用。她亦由始至終愛吃蘋果，因為她知道蘋果的營養實在太豐富，剛到台灣時，宋甚至每天三餐之後可以各吃一個蘋果，後來隨著年齡漸長，食量才逐步減少，因為牙齒實在不行。而奇異果也是她到台灣後，身邊必備的水果，因為官邸醫生告訴她：「多吃這種水果的好處就在於它的果汁可以美容，並讓夫人的皮膚永遠保持白皙無皺的現狀。」另外芒果除了可以美容之外，也有通腸利便的功能，因此宋在自己便祕的時候，會多吃芒果。她也愛吃水蜜桃、荔枝和葡萄，但對銀杏和龍眼卻敬而遠之，其中原因外界不得而知。

宋美齡喜愛甜食。就如很多女孩子一樣，她尤愛吃巧克力，冰箱中放滿了巧克力，只要心癮一來，就會差人拿幾粒來吃。

蔣介石貼身侍衛翁元在其回憶錄《我在蔣介石父子身邊的日子》一書中亦有提到，宋喜歡吃糖，於是想奉承她的人，自然投其所好，送禮總是送台灣市面並不多見的外國進口巧克力，於是官邸裡的特大冰箱，經常塞滿了各式各樣的昂貴巧克力。大多時，宋胃納有限，又要小心身段，巧克力便來不及吃，甚至放在冰箱中幾年都未動過，於是變壞，甚至溶成一團，已經不能食用，宋卻像對下人恩寵有嘉的說：「這些糖你們拿去吃吧！」下人都只能哭笑不得，啼笑皆非。

此外，翁元還說，過聖誕節時，宋吩咐從官邸把一些水果蛋糕送去幼兒院給小朋友吃，但侍從都知道這是放在冰箱很久的蛋糕，甚至有的是去年用白蘭地酒所做的聖誕蛋糕。至於最好、最精緻的，她會留給自己吃，普通和不喜歡吃的糖果，才會送往幼兒院。因此官邸裡的下人私下都看不順眼，覺得她實在太小氣，竟和小孩子斤斤計較。

但眾所周知，巧克力熱量頗高，而宋則向來重視健康尤其是體態，所以吃來也十分有節制，點到即止。一九六五年以後，甚至連宋最愛的巧克力也

宋美齡愛吃的圓山飯店紅豆鬆糕

從冰箱中絕跡，而以水果來代替。

宋至愛的另一甜食，就是圓山大飯店的紅豆鬆糕，這是她向其親信，即獲委派為圓山大飯店首任總經理的姨甥女，孔家二小姐令偉，傳達其「口述食譜」，再由飯店師傅不斷揣摩改良，而做出她所滿意，號稱「甜而不膩，鬆軟彈牙」的紅豆鬆糕。宋晚年定居美國紐約，據說冰箱裡總備有託人從老遠台灣帶來的這款點心，供她作零食解饞，就連她臥病在床時，也戒不掉這款至愛。

本文材料來自竇應泰所撰寫的《破譯宋美齡長壽密碼》，以及翁元所他撰寫的《我在蔣介石父子身邊的日子》兩本書。

第十三章

美齡宮：宮花寂寞紅

蔣介石雖是一代梟雄，雙手沾滿血腥，但對太太宋美齡，卻是百般憐愛，有其鐵漢柔情的一面，從他當年在南京的官邸，亦可見一斑。

當年這座南京官邸（見圖①），最初叫「小紅山官邸」，後正名為「國民政府主席官邸」，後來好事者戲稱之為「美齡宮」，因建於梅嶺，在文革期間，又因政治忌諱而改稱為「梅嶺宮」，如今又再叫回「美齡宮」。

這座官邸被譽為南京最優雅建築，最讓人驚豔的，不是其室內設計和陳設，而是這座建築與四周環境的整體布局。若然在深秋從高空俯瞰，它就像一顆寶石，鑲嵌在一樹黃葉的梧桐樹所組成的「頸鍊」上（見圖②）。據說，蔣是要以此作為禮物，表達對太太的深情愛意。

① 美齡宮

② 深秋高空俯瞰圖，美齡宮就像一顆寶石，鑲嵌在一樹黃葉的梧桐樹所組成的「頸鍊」上。

③ 宴客廳　④ 會客廳　⑤ 蔣的辦公室

美齡宮除了地下那一層之外，地面共有三層。第一層設接待室、衣帽間、祕書辦公室及臥房、廚房、洗衣室、工作人員臥房等；而第二層則用作會客和辦公用途，設有會客廳和宴客廳，以及蔣的辦公室等；至於第三層則為私人起居部分，設有蔣宋夫婦倆的臥房和私人小餐室，以及小教堂等。

上到二樓，那是宮邸的公事樓層。最先進入的是會客廳（見圖④），這裡擺的是西式沙發及傢俬，當年蔣宋在此接見過國民政府的軍政要員，以至美國駐華大使司徒雷登、美軍事顧問馬歇爾等，商討軍、政、經濟大事。客廳旁就是宴客廳，擺放的也是西式長餐桌，用的是西式餐具（見圖③）。

同一層，還設有蔣的辦公室（見圖⑤），這裡簡潔明淨，最矚目的，是房中掛上國父孫中山的大照片，旁邊更一併掛上國父的勉勵說話，包括「革命尚未成功，同志仍需努力」的對聯，以及「天下為公」的橫幅，蔣明顯以此自勉，以及彰顯他對國父革命的傳承。

上到三樓，那就是宮邸的私人起居樓層。大家最感興趣的，或許就是主人家的臥房。臥房最大特色，竟然分為主臥、次臥兩區相鄰（見圖⑦、圖⑧），朋友笑問，為何蔣宋夫婦臥房會分為主臥和次臥？難道是預備兩公婆吵架時，可以讓宋美齡「推老公出去睡」？實情是，因為蔣宋兩人的生活習慣十分不同，軍人出身的蔣習慣了早睡早起，但相反，宋卻愈夜愈美麗，夜生活多姿多采，習慣了晚睡晚起，所以為了互不影響對方休息，才準備了兩個臥室。

臥室旁邊有個小客室（見圖⑥），是蔣宋夫婦倆私人用餐的地方，但雖如此，兩人偶爾也會在此宴請客人，例如北平守軍司令傅作義，餐後寒暄，蔣說：「在我這裡用餐過於簡單了。」傅急忙說：「這是總統給我的最高禮遇了！」但可惜，這「最高禮遇」最後也沒有讓傅知恩圖報，最後在平津戰役中，還是選擇不戰而降，讓解放軍和平解放北平。

同一層，還有一個小教堂（見圖⑨）。宋美齡的父親宋嘉澍是傳教士，所以幾乎全家都是虔誠教徒（宋慶齡較有爭議）。當年蔣要迎娶宋，宋父已逝，由宋母倪桂珍作主，她起初因蔣已婚及非基督徒而強烈反對，蔣於是離婚及開始讀聖經，後來更受洗。在官邸內這座小教堂，每逢週日早上，蔣宋便在此做禮拜。抗戰勝利後，蔣從重慶還都南京，便把這小教堂命名為「基督凱歌堂」，一是慶祝抗戰勝利還都南京，二也是形容朗讀聖經時聲音如歌

⑥ 臥室旁邊的小飯廳

聲般悅耳。當時司徒雷登以及馬歇爾伉儷，都常來這裡和蔣宋一起讀經及做禮拜，有關經濟援助與中共談判的策略等，往往就在禮拜前後商定。橫楣上「基督凱歌堂」幾個字，是由蔣親筆題字。

參觀完美齡宮的室內陳設，以今天的眼光，算不上奢華，反而讓人覺得設計上很有品味（相信這應歸功於宋，而與軍旅出身的蔣無關）。但實情是，當年在建造過程中，經費曾經大大超

⑦ 主臥　⑧ 次臥　⑨ 小教堂

支，受到輿論非議，以致一度停建，於是在一九三一年開工，到一九三四年才竣工（也有一說是一九三六年），因此也成了政敵批評蔣宋貪腐的口實。

無論如何，俱往矣。白崇禧之子、名作家白先勇，曾於八十年代到美齡宮再遊，望著這個他年幼時曾經參加過聖誕派對的地方，憶起當年的冠蓋雲集、觥籌交錯、宋美齡的綽約風姿，對比眼前人去樓空的蒼涼景象，不禁發出了「宮花寂寞紅」的感慨。

第十四章

蔣經國品性隨和儉樸為何卻因吃飯鬧脾氣？

不同於他那位威嚴十足的父親蔣介石，蔣經國其實是一個十分隨和、無甚架子的政治強人。

我看圓山大飯店所修的「官方史」《圓山故事》中看到以下敘述：

有一次，在圓山飯店高雄分店，蔣經國宴請南部士紳，開了個早餐會，席間，蔣拿起胡椒粉瓶往湯碗中灑，不料瓶蓋沒有扭實，結果瓶蓋甩開，胡椒粉灑滿湯碗，旁人都嚇了一跳，但蔣卻若無其事，繼續從容的吃著其他餐點，繼續開會。但其實這時飯店負責餐飲的主任，已經嚇得大驚失色、冷汗直冒、雙腳發軟，尤其是蔣的隨從向他橫瞪了一眼，讓他相信這下怕且要完了。待餐會結束，這位主任馬上向主管負荊請罪，但出乎意料之外，上司不單沒有予以苛責或處分，反過來還和顏悅免，甚至安慰鼓勵。原來，蔣經國在離席後隨即吩咐隨從轉告主管，不要因為這件事而處分員工，胸襟實在寬厚，讓這位主任感激不已。

除此之外，晚年就算身體不好，要由侍衛推著輪椅，當送走賓客時，蔣經國也要靠近工作人員，以微弱的聲音向他們說：「辛苦你們了！」讓工作人員無不動容。

除了品性比起父親隨和之外，蔣經國也比父親儉樸。

這位「太子」其實曾經落難，在蘇聯勤工儉學，吃過十二年苦頭，或許因此也塑造出其極度知慳識儉的脾性。

前面提到那位打從一九四八年起，在蔣介石身邊當貼身侍衛，直到蔣壽終正寢為止的翁元先生，在為蔣介石守陵後，於一九七八年又再當上蔣經國的貼身侍衛，直到蔣與世長辭為止。

翁回憶，在蔣介石年代，士林官邸一個月花在飲食方面的開支，大概有

二、三十萬元台幣，但是到了蔣經國的七海官邸年代，便急降至每天一千元，只有之前的十分之一！蔣經國的節儉可想而知。翁說甚至他們這些隨從亦受到影響，因為他們那類隨從大致上吃的是蔣家吃剩餘下的物資，可是正因為蔣家的買菜錢實在太少，至使廚房裡沒甚麼存貨，廚子往往只能炒一、兩個素菜，給大家做菜下飯，後來可能有人向蔣經國反應，家僕和侍衛竟然無菜下飯，後者在抱歉之餘，才特別囑咐總統府，一個月七海官邸每位工作人員加一千兩百元副食津貼，算是特別照顧。

七海官邸待客一樣十分慳儉，絕少舉行家宴款待貴賓，宴客通常分為三個等級，第三級，只有一杯白開水；第二級好一點，會奉上一杯茶；至於最高級的第一級，備有咖啡，並會派僕人出外買來蛋糕之類的點心。

真的要算較隆重的官邸家宴，翁元只記得兩次，一次是弟弟蔣緯國的兒子孝剛結婚，蔣經國為了要給侄子和侄媳慶祝，特地請來圓山飯店西餐部大師傅來官邸到會，以全套西餐招待。另一次就是蔣經國夫婦在一九八四年慶祝結婚五十週年，在家裡擺了兩桌酒席，親朋戚友歡聚一堂。

翁說蔣經國是家族中最不重視吃的一個人。早餐是一杯咖啡、兩片吐司，再加兩個他最喜愛的荷包蛋。有時興之所至，會再加上一些水果。到吃膩了，他偶爾會吩咐侍從到著名的永和豆漿去買一份燒餅和油條回來，這和普通老百姓根本沒有甚麼差別。

至於官邸裡的午飯或晚飯，大致上是四菜一湯，兩葷兩素。像他父親一樣，很多時候會出現雞湯。晚飯時，廚房有時會為兩夫婦各準備一隻雞腿，他尤愛炸雞腿。如果只得蔣經國兩夫婦吃飯，便會吃得十分簡單，他最喜歡吃的家常飲食，是一盤炒得乾爽的蛋炒飯，外加一碗小魚紫菜湯，就這樣簡單打發一餐，反而魚翅、燕窩那類名貴食材，都不是他的心頭好。

另外，他的太太蔣方良是白俄羅斯人，是他在蘇聯勤工儉學時結識而結婚，所以俄國「國湯」羅宋湯，也是他們餐桌上的常備菜式，而且一煮就是一大鍋，一吃便是好幾天，不會吃剩倒掉了那麼浪費。當然，愛喝羅宋湯的朋友都知道，隔夜湯也特別入味。也可能因為這個背景，兩人也愛偶爾吃吃西餐，但因為七海官邸的廚子楊煥金師傅是中菜師傅，並不擅長西餐，所以通常是從圓山飯店西餐部訂兩份西餐，例如牛排。

就算要為家人慶祝生日，頂多再加個長壽麵，如酸菜肉絲麵、大滷麵之類，就算了，十分簡單，連一個中產階級的排場也不如。

蔣經國另一道最愛的菜，是砂鍋魚頭。官邸裡楊煥金師傅所燒的砂鍋魚頭，可謂風味絕佳，除了大魚頭之外，還會放入火腿、豆腐、粉皮等配料，湯頭也煮得特別好，所以燒出來風味絕佳，讓蔣大快朵頤。每次吃砂鍋魚頭時，一家人圍著桌子，砂鍋在桌上以熊熊炭火滾著，吃來熱辣燙口，全家樂也融融。每次兒子孝勇都必先動筷子，把魚頭兩邊的兩塊肉，先夾到父親碗裡，因為蔣經國最喜歡吃的就是魚鰓下的那塊肉，認為那是全條魚最鮮美的部分。只要砂鍋魚頭沒吃完，蔣經國一定會交待，把剩下的留待下一餐繼續供他吃。

雖說蔣經國是家族中最不重視吃的一個，且知慳識儉，性格隨和，但他晚年卻為飲食常常大發脾氣，原因又是甚麼呢？

話說他原來從母親毛福梅那一邊遺傳了糖尿病，到晚年病發，醫生嚴肅囑咐其家人和侍從，蔣的飲食要無糖少鹽。可以想像，這樣縱使廚房師傅有三頭六臂，也巧婦難為無米之炊，煮出來的東西味如嚼蠟。當時師傅試過用代糖，但那個年代的代糖還未發展得很好，用來喝咖啡還可以，但做菜的話，吃來不單不甜，甚至發苦。

每次蔣經國嚐到淡而無味的食物，都怒氣沖沖，罵道：「這做的甚麼東西，連味道都沒有，這怎麼吃？拿開！拿開！我不吃了，餓死算了！阿寶（筆者按：官邸女管家）！給我弄兩個荷包蛋來！」

蔣經國畢竟是位總統，他因為糖尿病和飲食而心情弄得那麼糟糕，實非國家之福，於是家人便投入不菲的去改善他的飲食，甚至重建一個更現代化和一應俱全的廚房，請來營養師，以及三軍軍官俱樂部內最好的廚師，為他設計和烹調飲食。

但最後，縱使菜式是多了一些花樣，甚至是一道道全魚、全雞等美輪美奐的上桌，但還是討不了他的歡心，動一動筷子，嚐了一點點，便作罷，還大發雷霆的罵：「這種東西也要給我吃，存心要餓死我，好！餓死算了，上水果！我不吃飯了！」結果菜式大盤大盤的上，然後又接近原封不動的大盤大盤的下。寧願吃吐司、荷包蛋、水果，也不肯吃這些美輪美奐的菜。

糖尿病不單讓他吃不下，也讓他行動不便，這樣一位為台灣經濟騰飛奠定基礎、大幅改善百姓生活的總統，晚年生活受到如此折磨，也實在讓人黯然，尤其是在如此惡劣的健康狀況下，他還能作出解除戒嚴、讓台灣民主起步這樣重大的政治決定，更覺難能可貴。蔣經國不愧為一代政治巨人。

蔣經國探勘東西橫貫公路時，自炊自食。（圖片來源／國史館）

蔣經國視察時於小吃店用餐（圖片來源／國史館）

第二篇

台灣的
政治人物們

李登輝、陳水扁、馬英九、
蔡英文、韓國瑜

第十五章

李登輝的鮑魚風波

如果要數嘴最刁、最懂得飲食的台灣總統，那一定非李登輝莫屬。

在本書後面介紹台灣國宴菜式演變那一章將會提到，李登輝不但懂得吃，也很能吃，每場國宴都會有魚翅、鮑魚、龍蝦等名貴菜式，而且菜式往往多達十道。風味以粵菜和海味為主。他主政時台灣已經濟起飛，財政寬裕，國宴花得起錢，於是二兩以上的排翅、鴨蛋大的麻鮑以及龍蝦半隻，變成了國宴菜單的基本班底。

李登輝還因為吃鮑魚而鬧出一場小風波，而且還跟香港有關。

話說，大家都知道香港有位擅長煮鮑魚的楊貫一師傅，他的「阿一鮑魚」很有名。那時是一九九七年，春節剛過，楊貫一到台灣表演廚藝，李登輝順道邀請他到總統府做一次外燴，那次李品嚐了鮑魚、魚翅和燕窩，並大為讚賞。不料，事後卻被媒體知道，並大加炒作，並傳言說李當晚享用的是當時每隻要兩萬多、三萬元的頂級「三頭鮑」（其實，幾頭的意思，就是一斤乾鮑裡有幾頭，因此，鮑魚頭數愈小，就是愈大顆，愈矜貴），因此批評這位總統太過奢華，輿論鼎沸，《中國時報》和《聯合報》兩大報以社論加短評，一連對這事炮轟了幾日，至於那些在電視上播放的論政和諷刺時弊的節目，就更加不放過這個題材，拿「三頭鮑」大作文章，對這位總統大加挖苦。

結果，連累楊貫一要親自飛到台灣，召開記者會為李登輝澄清，說當晚吃的並非是「三頭鮑」，而是小隻得多的鮑魚而已，況且，海峽彼岸的大陸和香港，以至泰國和新加坡很多地方的領導人，其實都有吃過楊貫一親手烹煮的鮑魚，所以也不用少見多怪。經過這次解釋之後，這場「三頭鮑」風波才慢慢平息。

後來，因緣際遇，我與楊貫一的徒弟李文基師傅有機會閒聊，那次為李登輝到府煮鮑魚，他也有隨行幫忙。根據李師傅回憶，那次應該是用了六至八頭的網鮑。

除了魚翅、鮑魚、片皮鴨等名貴菜式之外，李登輝還愛吃清蒸石斑，而且尤愛七星斑，他懂得挑魚頭的臉頰肉來吃，又懂得啃魚頭，還說懂吃的當然是吃魚頭，因為魚頭肉是最嫩、最好吃的。

李登輝還愛吃佛跳牆，還曾在過年時，在名店訂了四十盅佛跳牆，送給親朋好友與隨從，不可謂不大手筆。換轉是平民如你我，新春拜年，多是送盒巧克力或送盒餅乾，又哪會那麼大陣仗，送鍋佛跳牆？李登輝作為一個老饕，確是不同凡響。

傳統上，佛跳牆的材料，除了鮑參翅肚之外，還包括火腿、干貝、冬菇、蹄筋、竹筀、鴿蛋等名貴食材，裝入紹興酒罈，以高湯文火慢煨。到上桌時，打開罈蓋，濃香撲鼻，滋味絕美，被形容為香得連佛爺聞到都失去定力，竟翻牆跳過來偷吃。

但近年李登輝曾因為大腸癌而開刀做過手術，亦因近百歲高齡，飲食已有所節制，例如簡單吃碗麵、豆腐，或至多喝喝雞湯以補元氣。夫人曾文惠常常派兒子跟著父親出門，緊緊看管父親飲食，以免他吃得過分。

台灣人愛在新春吃佛跳牆，而近年港人新春則流行吃盆菜慶祝。那是把各種材料煮好後，蘿蔔、豬皮、枝竹、魷魚、圍頭豬肉或南乳炆豬腩、冬菇、蝦乾、炸門鱔、手打鯪魚球、蝦碌、雞和鴨，從底鋪起，被師傅一層一層整齊地疊進大盆之中，即所謂「打盆」。吃的時候，一層一層的吃下去，因為吸汁之物如蘿蔔、豬皮、枝竹等，都是放在盆底，所以吃到後來，一層比一層更有滋味。

盆菜的源起，與戰亂有關，典故的源頭是宋代，有好幾個版本，但都是與香港、華南一帶有關。

一說是愛國將軍文天祥被元兵追殺，渡過伶仃洋，狼狽逃至現時深圳一帶，天色已晚，情況就如其詩所述：「惶恐灘頭說惶恐，伶仃洋裡歎伶仃」，將士飢腸轆轆，住民同情忠臣，用家裡儲備的豬肉、蘿蔔，加上現捕的魚蝦煮飯來接濟，但卻沒有那麼多碗碟，只好將就一點，拿木面盆盛菜，將士圍盆而食，這就是盆菜的起源。

另一說則是，宋帝昺南下逃避元兵，當他們路經香港新界錦田一帶的圍村時，村民得悉皇帝駕臨，為表心意，紛紛將家中最珍貴的食物貢獻出來。但在倉卒之間，同樣是找不到足夠的碗碟，於是也是拿木面盆盛菜。從此之後，每逢大時大節，為了紀念皇帝曾經駕臨，村民都會享用盆菜。

無論如何，佛跳牆也好，盆菜也好，總之新春時分，一大盤放在桌上，闔家人圍而吃之，大家分甘同味，有說有笑，這不正符合新春團圓的意義。因此，難怪盆菜和佛跳牆近年都成了兩地賀年菜火熱的寵兒。

第十六章

令陳水扁「沒齒難忘」的虱目魚

陳水扁是台灣唯一一位出身寒微的總統，他在台南的貧苦家庭中長大，過慣低層的生活。近年，他曾在《壹周刊》撰寫過專欄，當中他寫過一篇題為〈碗粿和虱目魚〉的文章，當中透露了他那平民口胃。

文中說，他喜歡台灣小吃，像碗粿，那是又便宜又有母親的滋味。他說年幼時，過年過節母親一定會煮碗粿，到長大之後，他亦會光顧街上的攤販，那是窮苦人家還算吃得起的美味點心。

除此之外，農曆年時的甜粿，掃墓時節的潤餅，五月節的肉粽，八月十五的米麻糬，冬至的紅龜發粿等，這些過節的食物，無一不帶著濃濃的母親滋味，都讓他難以忘懷。

另外一道讓阿扁懷念的母親滋味，那就是虱目魚，台南人家裡餐桌最常見的魚。他說，虱目魚去骨後，各部位都可以做出最好吃的料理，即使魚骨也可熬湯，且營養價值也高。

阿扁在文章中回憶：「我讀中小學時，如有一尾虱目魚，中間部位，阿母會煎給小孩帶便當，頭尾、內臟，配上蔭瓜煮麵線，一大碗湯可以讓全家六口吃上一餐。我要參加聯考，阿母買來虱目魚，取中間一塊，燉三片高麗，就是最佳的補品。虱目魚的兒時記憶，沒齒難忘！」

一魚幾吃，務求物盡其用，那就是草根階層家庭煮婦廚房裡的智慧。魚身最好的一段，拿來煎了做便當，給孩子帶上學，好讓孩子與同學一起午飯時，也不會失禮和自卑；至於魚頭、魚尾、魚內臟，不太好看的，就留在家裡用作煮湯，全家一起吃，這也是煮婦們處事的得體和周詳。

阿扁說過：「我愛吃碗粿和虱目魚，不會因為我在哪裡而改變。」

事實上，二〇〇〇年台灣變天，實行首次政黨輪替，阿扁選上總統，在其就職國宴上，便破格地奉上碗粿和虱目魚丸湯兩味食物。當晚有四道大菜，分別是「春之孕」、「夏之育」、「秋之美」，及「冬之養」。而四道菜中的「夏之育」，用的就是虱目魚丸湯及台南碗粿，代表總統平民化及本土化的風格。

從此阿扁的國宴菜單也變得本土味濃厚，不單走出台北，在台灣各地都擺過國宴，而許多小吃都躍上國宴舞台，如高雄國宴吃美濃粄條、烏魚子；宜蘭國宴，則有糕渣、鴨賞；另外，嘉義雞肉飯、新竹米粉貢丸、台南碗粿、甲仙芋頭等都曾上過國宴菜單。於是各縣市也就此有機會成為國宴的主角，站上外交的第一線。阿扁取悅到很多台灣本省人，不是沒有理由的。

就算陳水扁後來因貪腐罪被監禁，左右手為他帶來太太吳淑珍準備的菜餚，據報導，其中煎虱目魚仍是他的最愛。諷刺地，這似乎又再次應了他那一句：「他愛吃碗粿和虱目魚，不會因為他在哪裡而改變。」所不同的只是，之前說的是國宴場合，如今說的卻是牢獄生涯。

第十七章

馬英九至愛紅豆餅

比起李登輝吃盡山珍海錯，馬英九對吃真的沒有甚麼要求，且吃得十分簡單清淡，據傳原因是為了保持身材。

在馬卸任總統前夕，其幕僚便向外透露，八年總統任內，中午若然沒有應酬，馬英九吃的便是便當，而且是十分廉價，只賣五十元台幣的便當，總之這種便當有魚有肉，再加三種蔬菜、一種水果，做到營養均衡，馬英九便已經可以。

究竟這種被稱為「中興便當」的便當好不好吃？有幕僚坦白說：「吃幾天就沒胃口。」尤其是因為一早十一點就送來，到中午吃飯時，往往已經成了凍便當。但好一位馬總統，卻八年如一日地吃著，而且還經常一天午晚兩餐

馬英九最常吃的便當（圖片來源／國史館）

都吃。

那麼馬英九是否就真的完全不饞嘴，完全沒有心頭好呢？答案也不是，只不過他喜歡吃的，也是普通不過的東西。他愛吃甜食，尤其是各種紅豆製品，至愛是紅豆餅。據報導，馬在總統任內搭乘空軍一號專機時，空服人員也會貼心地幫他準備紅豆餅，甚至是紅豆湯。網上更流傳一幀照片，是他在宴會上貪嘴吃紅豆餅，而被夫人周美青瞪眼。

後來有報導，其實這是二〇〇八年雙十國宴上的場景，馬大口吃紅豆餅，在旁夫人用不可思議的表情瞪著他，要他吃小口一點，周認為他那天已經吃了壽司、生魚片等很多東西，竟然還要吃紅豆餅。馬後來被問到此事，叫屈說因為紅豆餅實在太好吃了，才讓他忍不住。

二〇一八年，馬幫國民黨議員參選人造勢，來到內湖737市場，坊間民眾熱情，特地為他準備了紅豆餅，且是整整兩大盤，但馬卻一個都沒吃。民眾問他怎麼不吃呢？馬竟笑說，直播怕太太會看到，吃了就不用回家了。但卻小聲說麻煩打包，足見他的幽默感。

前總統府祕書長羅智強，曾經在〈總統與紅豆餅〉一文中，亦透露了馬英九喜愛紅豆餅的祕密。當中有以下一段：

很多人都知道總統愛吃紅豆餅，我今天要來分享一個有關總統與紅豆餅的小故事。二〇〇八年總統大選，幕僚們陪著總統上山下海、東奔西跑。有一次，車隊經過了一個賣車輪餅的攤販。幕僚貼心的買了許多車輪餅，一方面給總統吃，另一方面也讓大家分著吃，犒賞一下在行程奔波間的辛勞。總統看到了他的座位上放著車輪餅，便開始享用。我坐在總統旁邊，看到總統吃完一個又拿一個，一口氣竟然連吃了四個，接著又拿起了第五個咬下去。我心想：「總統也真的太愛吃車輪餅吧，竟然吃了五個。」結果，念頭還沒轉完，便聽到總統終於忍不住開口問：「為什麼我吃了五個，都還沒吃到紅豆的？」原來幕僚去買的那家車輪餅，紅豆口味剛好賣完，所以買來的車輪餅中，根本沒有紅豆口味的。

紅豆餅，又叫車輪餅，是一種在台灣大街小巷都常見、攤販現做現賣新鮮熱騰騰的傳統甜點。以麵粉、雞蛋與砂糖製成餅皮，內裡再夾上紅豆餡，近年再發展出奶油、起司醬、巧克力等餡料，但始終紅豆餡才是傳統和正宗。

中國大陸並沒有類似的紅豆餅。台灣曾經有長達半世紀之久是日本殖民地，於是很多日本的飲食和料理方法都傳入台灣，其中一樣就是紅豆餡餅，分別有「銅鑼燒」和「今川燒」兩大製法，兩者的分別是，前者是以兩片烤熟的餅皮把紅豆餡夾起來，而後者則較接近如今台灣的紅豆餅，真的是烘成一個餅。

順帶一提，雖然馬英九最愛的甜點是紅豆餅，但他太太周美青卻不然，在他的《八年執政回憶錄》中透露，太太喜歡吃黑巧克力，每次收到有人送他黑巧克力，他都會特別叮囑隨扈：「這一定要帶回家給我太太。」周美青更特別喜歡吃福華飯店的「柏林巧克力蛋糕」，每逢碰上特別紀念日，馬都會交代祕書買一份讓他帶回家送太太，討她歡心。

除了喜愛紅豆餅之外，馬還喜愛另一食物，那就是被稱為台灣「國麵」的牛肉麵。其實，馬未當總統時，也常常隻身走去買牛肉麵外帶作宵夜，且不單止喜歡吃，他還懂得煮牛肉麵，甚至夠膽公開與別人比試！

事緣，二〇〇七年十一月八日，台北舉辦了一場「馬郝牛肉麵ＰＫ賽」，兩大主角是先後當上台北市長的馬英九和郝龍斌。馬煮的是紅燒牛肉麵，至於郝煮的則是清燉牛肉麵，分別是牛肉麵的兩大口味，一濃一清，各有擁護者。馬把牛小排先放到熱油鍋裡煎熟，再加入紅燒牛肉湯及麵條，這碗被他命名為「獨當一『麵』」遂大功告成；而郝則把牛肉放入滾燙的熱水中燙熟，再將麵條放入鍋裡煮熟撈起，最後灑上蔥花，「郝氏清燉牛肉麵」亦告完成。

現場評審品嚐兩位前後任市長的牛肉麵後，大讚清燉牛肉麵湯頭清澈，肉質甘甜，相當適合老年人食用；而紅燒牛肉麵口味獨到，相當夠味，各有優劣。但比賽結果，還是馬以七比一贏得評判團的垂青，壓倒性勝出，連郝龍斌品嚐後也不禁說「甘拜下風」。馬英九說，因為大家吃的牛肉麵多半都是紅燒，所以烹煮紅燒牛肉麵當然比較吃香。

其實，早於馬英九擔任台北市市長期間，為了推廣當地餐飲和觀光，於二〇〇五年舉辦台北牛肉麵節，並且打出「世界牛肉麵之都在台北」的口號來宣傳，引來各方熱烈反應，於是之後牛肉麵節每年繼續辦下去，而這次的「馬郝ＰＫ賽」，也是當年牛肉麵節的一個特別噱頭。

有趣的是，在馬英九的《八年執政回憶錄》中也有提到，太太周美青同樣愛吃牛肉麵。例如在他卸任總統後，於二〇一七年九月，為了慶祝結婚四十週年，即所謂「紅寶石婚」，於是搞了次旅行，出名愛妻的馬，行程設計簡單，那就是讓太太吃到想吃的，看到想看的，結果首站就是到宜蘭吃她最愛吃的眷村牛肉麵，之後還到南方澳吃海鮮。

另外，有次夫婦倆南下高雄弔唁大詩人余光中後，也是去當地知名的「原鄉牛肉麵」吃午餐，結果還被民眾「野生捕獲」拍照上傳，並描述周美青吃完後還細心地清理桌子，用餐巾紙一遍又一遍地擦拭。

而台灣的牛肉麵，究竟又是源於何地呢？雖然它起初又被稱為川味牛肉麵，但四川當地其實並無此味。

根據曾經在台灣大學和香港中文大學任教，台灣的美食家和史學家，已故的逯耀東教授所說，紅燒牛肉麵源於台灣高雄岡山空軍眷村的四川藉老兵。他於一九九九年二月十五日於《中國時報》的一篇文章〈再論牛肉麵〉寫道，一九四九年後大批人民、軍眷隨國府遷台，為了抒解鄉愁，也為了幫補生計，於是在台擺賣大陸各地小吃。尤其是當時軍人待遇偏低，軍眷集居的眷區，更往往如此。而當時岡山空軍眷屬多來自四川成都，他們在此生產岡山辣豆瓣醬，最初的岡山豆瓣醬，以蠶豆和辣椒製成，並以此烹調各種川菜，但因為在地化的影響，口味偏甜，其實並不是真的那麼川味，但岡山既有豆瓣醬，於是就地取材，先製成紅湯牛肉，後來再加麵，便成了所謂的川味牛肉麵。後來，這種牛肉麵再流傳開來，就成了台灣飲食上的一道獨特風景。

上世紀五、六十年代，台灣經濟仍未起飛，民眾生活仍然艱難，三餐營養不夠，油水不足，很多人在月初剛領薪水時，手頭比較寬鬆，就愛去吃碗紅燒牛肉麵，打打牙祭，補充一下營養和油水，於是牛肉麵也成為了一代台灣人憶苦思甜的一份集體回憶。而馬英九，恰巧就是那一代的台灣人。

第十八章

小英大廚

老子曾說過：「治大國，若烹小鮮。」那麼究竟又有哪些台灣總統是會煮飯燒菜的？

前面提過，蔣介石偶爾會在郊遊時親自動手炒飯，而馬英九亦曾經當眾表演煮牛肉麵，但相信他們的廚藝，都比不上蔡英文。

曾經有位民進黨黨工戲言，說小英不單是史上最會吃的黨主席，也是史上最愛做菜的元首，柯P一到她家就吃得沒頭沒腦。

我相信這句話或多或少有跨張和吹捧成分，但蔡英文懂得下廚，卻是不爭的事實。

小英曾笑說，當年卸下陸委會主席後那「失業的半年」，開心過著普通人的家居生活，那時她也做菜給家人吃，為此她買了一套全新的鍋具、一套自己喜歡的碗碟，以便親自下廚，每次從洗菜開始到下鍋炒，足足要花上兩、三個小時，但能夠做出滿滿一桌菜，一家人大快朵頤，享受輕鬆的時光，便十分快樂。

大家可能認為口說無憑，那究竟有沒有外人親眼見證過小英下廚呢？

二〇一五年六月，美國《時代雜誌》的駐京記者，特地飛台上門訪問這位即將面臨台灣總統選舉的大熱門，蔡英文稍稍露一手，親自為這位記者準備早餐，並打趣說：「返北京後告訴他們你曾經被台灣的下任總統款待過。」（Go back to Beijing and tell them you were served by the next President of Taiwan.）

讀者可能好奇，那麼蔡英文又煮了甚麼當早餐呢？這位《時代雜誌》記者寫下親自目睹小英下廚的一幕：

> 蔡英文正在做早餐。這位總統候選人打了五個蛋，和著平底鍋裡面的培根一起吱吱作響，再把一片片白色的厚片吐司疊起來。料理手法學自英國名廚傑米奧利佛（Jamie Oliver），但是她忍不住要說，烹調食材屬於最純

粹的台灣原料。培根來自「快樂豬」農場，距離她那簡單卻有品味的公寓不遠，而麵包是從她家附近的烘培坊買來的。她遞了一顆橘子給我，用英文跟我說：「有機的！當然也是在地的。」

原來煎蛋、煙燻肉、吐司、水果，是最普通不過的英美早餐，可能因為蔡到過英國留學，也可能因為來的是美國記者。但至於甚麼是「傑米奧利佛」料理手法，文中卻沒有解釋或介紹。

但如果以為小英只懂得煎兩隻蛋、煎兩塊培根，僅此而已，那就未免太小看她了。

有一次，小英在她常去的餐廳，就是那間在她住處附近的「田園台菜海鮮」餐廳，跟記者吃飯訪談，席間記者起鬨，要小英表演一下廚藝，於是即席借了店家的廚房，再次展露了一手，炒了一碟新鮮熱辣的「櫻花蝦高麗菜」，讓記者吃得讚不絕口。

這還不止，小英還上過電視表演廚藝。

二〇一一年新春，小英身為民進黨主席向大家拜年的影片中，與大家分享了烏魚子的烹調方法。她說因為其老家屏東是盛產烏魚子的地方，因此她每年都收到大量從家鄉送來很好的烏魚子，所以每年新春最重要的一道菜，就是烤烏魚子。她在螢幕前，把作法娓娓道來。首先用酒把烏魚子擦乾淨，然後用爐火烤，她說她用的是電爐，但用碳爐也可以，但一定要火力夠，稍微烤一下就可以，不要烤過頭。

上述影片中，她還是光說沒做，但媒體又豈會如此輕易放過她，到了二〇一六年年初，她終於親自上陣，由電視台TVBS拍攝，她在家中親自下廚，邀請其核心幕僚到她家中吃飯的窩心一幕，節目主播還加了「畫龍點睛」的一句：「在這裡（廚房），她抓住了幕僚的胃，也抓住了他們的心。」

小英先用威士忌把烏魚子擦乾淨，再拿去烤，她嫌該爐火力不夠，於是還索性放在火上而非鍋上去烤，當被記者問到怎知道烏魚子幾時烤好，她還充滿自信的說：「這就看你的功夫和火候了。」烤好後，她叫記者聞一下，說是不是很香，還對著鏡頭說：「鏡頭可以聞得出來嗎？」之後，她再表演刀功，還說她小時候爸爸請客，負責切的人就是她。鏡頭前饞嘴的她，邊切邊吃，還淘氣的說，通常客人都是吃她吃剩的。最後她還一片一片的擺盤。看她每下手勢都頭頭是道，全無雞手鴨腳。在同一個節目中，她不單止烤烏魚子，還煮了兩大鍋東西來奉客，一鍋是咖哩雞，另一鍋是芥頭菜，有魚有肉有菜，再加上有湯汁配白飯，這確是配搭十分平衡的一餐，足見小英大廚的心思，一眾幕僚都吃得津津有味。

據說，除了前述烤烏魚子、咖哩雞兩味之外，煎牛排、義大利麵食、烤春雞等，都是小英大廚的拿手好菜。不過後三味都是西餐，似乎小英也不脫西洋留學生的本色。

節目中也為大家揭開平常大家沒有機會看到的小英廚房面紗，首先整個廚房都是白色，符合小英的簡約風格。小英還得意的向大家展示，本來報廢的電腦，拆下螢幕，再接上機上盒和喇叭，便成了一部電視，可以讓她燒飯做菜時看劇，據說她尤其喜愛諸如《明成皇后》等歷史劇。

《壹周刊》亦介紹過小英廚房的其他祕密。首先，小英說傑米奧利佛這位英倫帥氣名廚，是她廚房裡的偶像，因此毫不意外地，由傑米奧利佛推薦的法國Tefal不沾鍋，以及LE CREUSET琺瑯鑄鐵鍋，就是她廚房裡的祕密武器；另外，小英也是杯子狂，家裡有一整櫃都是用來放各式各樣的杯子，據說她在倫敦拿到博士學位時，獎勵自己的方法，也是買了一套英國傳統杯具送給自己作禮物；之外，小英也是一個咖啡狂，家裡最常用到的，就是一部美式咖啡機，她會現磨咖啡豆，沖出一杯最新鮮的咖啡；最後，料理桌上常常用到的，就是一把義大利麵料理夾，無論煮義大利麵，又或是前述的烤烏魚子，她都會用上。

但見慣世面，自己又懂得下廚的蔡英文，有沒有甚麼難忘菜式呢？

她在自傳中透露，有一道讓她自己難忘的菜式，並不是甚麼山珍海錯，也不是甚麼鮑參翅肚，而是一道普通不過的家常菜：洋蔥炒蛋。為甚麼平凡如炒蛋，也會讓她如此難忘呢？

原來，洋蔥是蔡英文家鄉屏東的特產。雖然她父親後來遷居台北，而她自己也在台北出生，但年幼時，從家鄉來探訪的親戚，總會帶些土產洋蔥來作伴手禮，所以家裡從不缺洋蔥。

這些洋蔥品種繁多，有甘甜爽脆，也有辛辣夠勁。她父親最愛吃的，就是以家鄉洋蔥來作的炒蛋。

至於家裡的小朋友包括小蔡自己，卻對洋蔥無可無不可，至少沒有像她父親般狂熱。她還說了一個笑話，說父親以前除了資助家鄉屏東的棒球隊之外，每次棒球隊的人來台北找他幫忙，他都會熱情款待，有一次，又有一位棒球隊小球員到來，父親又一如以往的熱情款待，當問對方想吃甚麼時，不知對方是否早聞其名，竟然說：「甚麼都可以！但拜託不要給我洋蔥炒蛋！」

畢竟，小朋友的口味跟成年人往往不盡相同。但如果小英年幼時是對洋蔥是無可無不可的話，那麼為何她又會對洋蔥炒蛋戀戀不忘呢？

話說，她家裡一向是由她母親做飯，有一天，母親不在家，只有她和父親兩人在家，到了吃飯時間，才發現母親也沒有安排，父女倆面面相覷，這時她肚子更發出「咕嚕」的一聲，父親沒有辦法，只好硬著頭皮，自己走進廚房。

沒多久，父親端出了一盤洋蔥炒蛋，小蔡那時只覺這盤炒蛋香氣四溢，父女倆找出前一餐沒吃完的剩飯，以這道菜吃完那餐飯。

蔡英文說，這是她爸爸唯一為她做過的一道菜。記憶中，那道洋蔥炒蛋的味道很香、很好吃，到現在還記得洋蔥和蛋的香味。

這道洋蔥炒蛋之所以好吃，或許是因為，肚餓本來就是最好的調味料，但亦可能因為，那是小英爸爸唯一為她做過的一道菜，洋溢了對父親的一份獨特記憶，而且，當天也只有父女倆人獨處，那種安安靜靜的溫馨，也融入洋蔥炒蛋的味道當中。

正如小英說，這就是幸福的滋味。

第十九章
韓國瑜的滷肉飯與礦泉水

二〇一八年十一月台灣縣市長選舉，韓國瑜一舉結束了民進黨在高雄的二十年執政地位，奪走市長寶座，成了全台「人氣王」。很多人都好奇他在選戰中有何招數，他說靠的就是「滷肉飯與礦泉水」。

韓說選舉期間，每餐自己都只吃滷肉飯和喝礦泉水，顯示自己草根和接地氣，而礦泉水更可以象徵自己的選舉清澈透明，至於滷肉飯，原來更有一段故事。

二〇一八年年初韓國瑜空降高雄參選，接手國民黨高雄黨部這個徒剩空殼的爛攤子，資源極其匱乏，要人無人、要物無物，韓唯有向黨中央討資源，他向媒體抱怨時說：「連一碗滷肉飯都沒有」、「不必滿漢全席，但至少有滷肉飯」。

發展下去，滷肉飯不單成了韓選舉資源極為匱乏的一個比喻，也不止是其日常飲食，更成了他與高雄人「搏感情」的工具。他每天早上從九點開始跑行程，往往一跑就要到晚上十點多，才可以坐下來吃晚飯，端起一碗滷肉飯大口大口的扒，再加一瓶礦泉水，如此簡簡單單就是一餐，既貪滷肉飯價廉味美，也貪可以「速戰速決」，他更說滷肉飯代表了庶民生活，從政的人要與基層同步呼吸。

大半年下來，他吃遍高雄的滷肉飯，甚至成為某幾間的常客，他笑稱未來可以出一張「高雄滷肉飯路線圖」。

他更自豪地說：「吃久了就熟了！有的老闆深綠的，被我活活吃成深藍的！」原來有滷肉飯老闆，本來偏綠，對這位不時光顧的藍營食客原本不瞅不睬，但日久有功，漸漸兩人開始聊上來，談論時政和民生，最後更變得投契，這一票就如此被韓爭取了過去。

但其實韓也被對手揶揄過，說他「滷肉飯」和「肉燥飯」不分，明明吃的是豬碎肉和滷汁一同淋上白飯，南台灣稱之為「肉燥飯」的食物，韓卻把它混淆為「滷肉飯」，後者在高雄其實指的是整塊滷肉和醬汁搭配白飯。

把滷汁肉燥飯叫作「滷肉飯」，這其實是北台灣的叫法；相反，若是整塊滷肉和醬汁搭配白飯，北台灣慣稱之為「焢肉飯」。這就是台灣的南北差異。因此韓國瑜被綠營批評「不瞭解高雄文化」。

韓卻反駁，說此舉是雞蛋裡挑骨頭，並說：「全台灣都知道滷肉飯是甚麼？滷肉飯在中、北部用慣了！只是代名詞，根本沒有意義，這樣的平民小吃發展成特色，就算南、北不同名字，也沒那麼嚴重。」

無論如何，成王敗寇，韓國瑜喜歡繼續叫這碗飯為滷肉飯，相信綠營也沒奈他何了。

滷肉飯堪稱台灣最庶民的食物，價廉物美，四十元新台幣便可買到，草根階層尤其是體力勞動者，往往靠一大碗滷肉飯，便可以飽肚，充電後再重新投入勞動。台灣庶民美食家舒國治，更把滷肉飯譽為台灣的「國飯」，與「國麵」牛肉麵齊名。

滷肉飯其實本來就是源於戰後初期台灣社會的貧窮及物資匱乏，那時除了過年、過節，平日想吃肉委實不易，偶爾買到些豬肉，但亦因分量不多，一家卻食指浩繁，委實難以妥為分配，於是家庭煮婦心念一動，乾脆把肉切成肉絲、肉丁，以醬油、紅蔥頭及五香粉來滷製，如此一來全家人便可以均分均享，爆炒一鍋熱騰騰、香噴噴的滷肉汁，再澆在白米飯上，那就是讓人口水直流的一餐。此外，攤販亦不想浪費，把完整豬肉餘下的部分切碎和滷製，淋在米飯上又可以賣錢。於是，滷肉飯便逐漸大行其道。

經過大半個世紀，滷肉飯雖說庶民，但製作手藝亦見講究，例如舒國治說好的滷肉飯，要有以下條件：肉必須手切成細絲或細丁，不可用機器絞成肉醬，否則嚐不到肉的彈勁，且嚐不出肥肉的晶體；此外，台灣人本來吃慣蓬萊米，喜其香甜、飯粒黏作一團、口感夠Q，但滷肉飯卻偏偏要摻入適當比例的在來米，這種米本來不甜、飯粒鬆散、口感偏乾，但澆上了油油的滷肉汁，卻剛好可以依附在鬆開的飯粒上，而不致於像澆在蓬萊米上般，直滑落碗底，反而讓人倒胃口。

有很多人把滷肉飯寫作魯肉飯，但這也罷了，有人甚至因此把它連結到中國大陸山東省的簡稱，因而認為這是源於山東的食物。二〇一一年國際知名飲食刊物米其林，在其英文版的 *Michelin Green Guide Taiwan* 中，把滷肉飯譯成「Lu（Shandong-style）Meat Rice」，指台灣的滷肉飯源自山東。

台灣人對「正名」這個問題特別敏感，因此當年也搞起了一場為滷肉飯「正名」的小風波，當時的台北市長郝龍斌隨即表明，要與外國相關單位澄清，把魯肉飯正名為滷肉飯。

說回韓國瑜，或許他在選舉期間，成功地用滷肉飯和礦泉水，來為自己打造了一個草根和庶民的形象，但選舉噱頭只是一時，日子久了，始終會見真章。在韓就任高雄市長後不到一年，就爆出了夫婦名下存款原來有四千多萬新台幣，以及妻子在雲林農地上蓋有「豪華農舍」且牽涉違法建築等負面新聞，韓的草根和庶民形像，亦因而大打折扣。

第三篇

中國的政治人物們

毛澤東、周恩來、鄧小平、毛岸英、
胡錦濤、溫家寶、習近平

第二十章
毛澤東的辣椒政治偉論

自晚清以來，湖南出過不少軍政強人，例如「晚清三傑」中的曾國藩與左宗棠，以及領導中共立國的毛澤東。這三個軍政強人，在口味上都有一個共同特徵，那就是嗜辣如命。

古時，有所謂「無湘不成軍」，亦有所謂「無辣不成湘」。湖南人能打仗，更能吃辣。今天，更有所謂「四川人不怕辣，江西人辣不怕，湖南人怕不辣」。湖南人嗜辣，可謂由來已久，一方面，因為辣椒本乃平價之物，能讓當地貧困農民，可以不費幾文錢便能以此送飯下肚；另一方面，湘北沿湖區地勢低窪，天氣潮溼，而湘中、湘南山區更易有瘴氣，只有時時吃辣，才能去溼開胃。

毛澤東小時候最初吃辣椒也怕辣，只能一點一點的吃，但慢慢就習慣了，到後來，不但不怕辣，更怕不辣。每次吃飯，他都不計較菜式好壞，唯獨不能沒有辣椒，如果少了辣椒，便覺索然無味。他胃口不好時，更會大口大口嚼辣椒來開胃。他視辣得滿頭大汗為樂事，尤其是冬天辣得渾身熱氣，認為這才過癮。

事實上，軍中生活艱苦，能弄得一小碟辣椒，那就已經是佐餐的好菜。一九三六年七月，長征途中，毛澤東住進保安縣炮樓山下一個洞裡，每天以黑豆、豌豆角、山藥蛋充飢，警衛看見毛日漸消瘦，都暗自焦急，結果千方百計弄來一隻雞，燉好後和一碟辣椒端上桌，毛看到後驚喜，但卻把雞分給大家，並說：「我這個湖南人愛辣椒，只要有辣椒，我就可以多吃飯了。」說著便吃起辣椒來。

又有一次，部隊攻下了襄陵鎮，還捉了閻錫山的一名縣長，毛大為高興，胃口大開，囑咐廚子加菜，給他加一碟油炸辣子，飯菜迅速準備好，有油炸辣子和毛最愛吃的紅燒肉。結果，紅燒肉他只吃了一塊，而一碟辣椒他卻吃得精光，還辣得他滿頭大汗，但卻很開心。

毛澤東對辣椒也有一番有趣的政治見解。

一九三〇年五月，他到江西屬烏縣考察，當地盛產一種燈籠椒，肥大肉厚，黨友古柏請他嚐嚐。他們把辣椒中間掏空，填上肉餡，再請毛吃。毛看見大大的一個鮮紅燈籠椒，起初頗為吃驚，古柏說別看它個子大，但其實不辣。毛一嚐，果然不辣，於是便若有所悟的說：「凡事不能光看外表，要調查研究。我一看這紅燈籠椒，以為辣得厲害，可實際一點也不辣。我們湖南辣椒個子小，卻辣得很。現在的反動派，別看他們外表嚇人，其實就是個燈籠椒，而我們革命者，現在人數不多，卻個個都是湖南辣椒。」

毛澤東甚至提出過一個觀點，說能吃辣的人革命性強，凡是革命者，如他們湖南人，甚至包括蘇聯的史達林等，大都喜歡吃辣。

毛甚至試過將辣椒作為禮物，回禮史達林，進行過一場「辣椒外交」。

話說一九四二年六月，毛澤東與一眾中共領導正駐紮延安，那時也是抗日戰爭正酣、紅軍物資匱乏生活艱苦的一個時期。同一時間，蘇聯同樣因為納粹鐵蹄蹂躪而山河破碎，但為了支援中國的社會主義盟友，史達林還是派飛機送來醫務人員和物資到延安，以濟盟友之急。為了聊表心意，還一併送來十件皮大衣、長筒皮靴十雙、毛毯十條，另外還有幾箱紙菸等。雖然物輕，但卻總是一番情意，算是雪中送碳。

翌日飛機便要折返，但卻苦於阮囊羞澀，究竟可送些甚麼作回禮呢？結果毛澤東送了由自己親手播種、培植、收成的紅辣椒。據說史達林收到這些紅辣椒之後，也苦思了半天，究竟當中有何深意呢？後來才恍然大悟，猜測到這是毛澤東向自己表明會獨立自主捍衛革命的意思！

本文資料參考自王志堅和盧小溪所合著的《名人吃喝那些事兒》。

第二十一章
毛澤東農民之子愛肥肉

除了愛吃辣椒，毛澤東另一至愛，就是紅燒肉。

我們這一代人，講求健康，對脂肪及膽固醇，視為洪水猛獸，不少人見到肥膩油亮的紅燒肉，已經不期然打冷顫，舉箸難下。但毛澤東卻不然，他愛吃紅燒肉，並說自己是農民的兒子，自小過的就是農民的生活；又說，革命者，對帝國主義都不怕，怕甚麼脂肪呢！

不錯，毛愛吃紅燒肉，確是跟他家鄉口味，以及出身寒微，到壯年投身革命，生活條件依然困難有關。

早年毛澤東在家鄉韶山湘鄉東山讀私塾和小學時，愛吃的是「砣子肉」，那是將帶皮豬肉煮至七成熟，放幾顆豆豉，再加上辣椒或乾蘿蔔絲炒成，這是當地人招呼客人的家常菜。

至於紅燒肉，則是毛澤東在一九一四年進了湖南第一師範唸書之後，才養成的口味。那時同學之間，每週打一次「牙祭」，到了禮拜六，毛就會帶回四斤左右的帶皮五花肉，烹調也不講究，只是用湘潭老抽醬油加冰糖，再加點酒和茴香，放在鍋裡用慢火來煨，之後，便近十人一桌，吃個鍋底朝天。

毛不單愛吃紅燒肉，更偏好肥肉。一九二四年，紅軍轉戰到江西瑞金，殺了幾頭豬過年，每個幹部、士兵都分到一碗豬肉，有些士兵看到自己碗裡的盡是肥肉，就投訴說分配不公，有關方面便解釋說，幹部白天一起行軍打仗，晚上還要工作，所以讓他們吃點瘦肉補補腦。恰巧，毛澤東走過，聽到之後，卻把自己一碗的瘦肉倒回鍋子裡，再盛了一碗肥肉，更笑著說：「同志們，肥肉才補腦子！」

內戰期間，為了指揮打仗，毛澤東往往要三天兩夜，不眠不休，絞盡腦汁。打勝仗後，如果條件許可，他總愛叫隨從為他搞碗紅燒肉，還特地囑咐要肥一點的。隨從原本以為他是想慶功，後來他才解釋，因為之前用腦太多，吃點肥肉有助補腦。

像在沙家店一役，殲滅了鍾松的第三十六師，俘敵六千餘人，他就對衛士李銀橋說：「銀橋，你想想辦法，幫我搞碗紅燒肉來好不好？要肥點的。」李說：「打了這麼大的勝仗，吃碗紅燒肉還不應該？我馬上去。」毛卻疲倦地搖搖頭說：「不是這個意思，這段時間用腦子太多，你給我吃點肥肉對腦子有好處。」當紅燒肉拿到臉前，他先用鼻子深深吸一下香氣，兩眼一瞇，輕嘆：「啊！真香！」轉眼就三扒兩撥吃過碗底朝天。這時他才發現李呆立在一旁，忽然變得像個孩子一樣，不好意思地笑說：「有點饞了……打勝仗了，我的要求不過分吧？」李頓時紅了眼圈，說：「不高，主席要求的太少了，太低了。」毛說：「不低了。戰士們衝鋒陷陣也沒吃上紅燒肉，只能殺馬吃馬肉呢。」

李銀橋說，從那天起，知道毛愛吃紅燒肉，並且紅燒肉是為了補腦，每逢碰上打大仗又或者連續寫作幾晝夜，他就會設法為毛弄來一碗紅燒肉。

但打仗時物資短缺，也不是時時都條件許可，如果實在艱難，毛就叫衛士用梳頭來代替。毛說：「腦子是要補，可是也要講條件。條件不同補的方法也不同。」他說梳頭這有助頭部血液循環，把有限的營養先滿足大腦。

毛澤東在西柏坡指揮「三大戰役」時，又再次陷入不眠不休的狀態，隨從擔心他身體弄垮，商量如何為他補充營養，補補身體，毛知道後便向衛士李銀橋說：「不要亂忙，你弄了我也顧不上吃，你只要隔三天給我吃一頓紅燒肉，補補腦子，我肯定打敗蔣介石。」

吃肥肉有助補腦？今天有營養師也說有一定道理，我不是專家，不知道有否科學根據。但無論如何，只要吃到自己喜歡吃的，自然會心情開朗，也不失為放鬆和休息的好方法。

大家或許會認為，年輕時吃紅燒肉，是因為經濟條件不足，沒有得選，那麼到了年長，經濟條件得到改善，毛澤東又如何呢？

到了打下江山後，毛還是對山珍海錯興趣不大，更厭煩飲宴應酬，所以國宴總是交託周恩來，自己則維持舊有飲食習慣，餐餐要吃辣椒，三朝兩日便要吃頓紅燒肉。

雖然因為年紀漸長，醫生及旁人都勸他要注意飲食，改掉肥膩的飲食習慣，為他準備了保健食譜，但他卻向醫生固執的說：「你不要說了。我是農民的兒子，自小過的就是農民的生活，我習慣了，我不要勉強我改變，不要勉強麼！」

毛更曾嘲諷說：「醫生的話，不可不聽，也不可全聽。不聽要吃虧，全聽呢？我也要完蛋！」

有一次宴客時，他把一塊紅燒肉送到客人面前，接著說：「這是一道好菜，百吃不厭，有人卻不贊成我吃，認為脂肪太多，對身體健康不利，不讓我天天吃，只同意隔幾天吃一回，解解饞。這是清規戒律。革命者，對帝國主義都不怕，怕甚麼脂肪呢！吃下去，綜合消化，轉化為大便，排泄出去，就消逝得無影無蹤了，怕甚麼！」

有一次，毛又是連續工作幾十小時，睡醒後，又吩咐要吃紅燒肉，但太太江青卻看不過眼，私下怪責衛士長李銀橋，沒有按醫生的保健食譜去做，著令廚房不要煮紅燒肉，而弄些雞肉、魚肉代替，李銀橋說毛點名要紅燒肉，因而惹怒了江青，生氣說：「不要囉嗦，照我說的辦，紅燒肉不要弄，甚麼好東西？土包子，改不了農民習氣！」到了吃飯時，毛澤發現沒有了他想吃的紅燒肉，便大發雷霆，說：「交待了的事情甚麼不辦？」「我只要求一碗紅燒肉，過分了嗎？」江青此時卻默不作聲，讓李吃了悶虧。

後來，毛私下從李銀橋那裡得悉原委，便說：「不錯，說對了，我就是土包子！我是農民的兒子，農民的習性！吃不到一起就分開，她是洋包子，今後她吃她的，我吃我的，我的事不要她管，就這定了。」

從此，他便與江青分開吃，即使在同一張飯桌，也是分開各有各的飯，各有各的菜。毛從未動過一筷子太太的菜，反而江青仍時時嚐嚐幾口丈夫的菜。正如前述，毛喜吃辣，無辣不歡，更說能吃辣的人革命性強，所以江青總愛夾幾口毛的菜辣辣嘴。

老一輩的中國人，成長於一個匱乏的年代，飲食口味難免受到從小到大的物質條件所局限。濃油厚醬的紅燒肉，對於吃慣五穀粗糧的民眾來說，自然吸引。正如毛澤東所說，作為農民的兒子，他有著農民的生活習慣。對於大城市出生的你我，生活和勞動習慣，以至營養條件，與過往已經大大不同，也很難強求大家喜歡吃紅燒肉了。

本文的資料除了部分來自王志堅和盧小溪所合著《名人吃喝那些事兒》那本書之外，主要來自權延赤所著《走下神壇的毛澤東》一書，此書是權延赤主要按曾經跟隨毛澤東十五年的衛士李銀橋口述，再加上訪問幾十位曾經生活在毛澤東身邊的工作人員，整理資料而寫成，有相當權威性。但不得不提的是，這本書曾鬧出過抄襲官司，被河南作家閻濤訴訟書中若干部分，在沒有援引出處的情況下抄襲，權延赤最終被判敗訴，但相信這無損資料的真確性。

第二十二章
周恩來和鄧小平曾經一起賣過豆腐？

中國人喜歡吃豆腐，而且不像米飯麵食，並無地域上南北之分。前面便提過，國父孫中山便對豆腐推崇備至。其實不單止國父，就連中共開國元勳如周恩來與鄧小平，都一樣與豆腐曾經結下不解之緣，甚至曾經賣過豆腐呢！

周恩來與鄧小平曾賣過豆腐！？不是開玩笑吧！答案真的不是說笑，這段經歷甚至在中國共產黨新聞網都有所紀述，見〈周恩來與鄧小平戰友情深〉一文。

話說，大家或許都知道，周恩來與鄧小平年輕時曾經放洋留學，而且更是法國這個浪漫國度。但在那個年代，中國赴法勤工儉學的學生，大多出身寒微，不會有餘裕像今天大家的寶貝子女一樣，優哉悠哉的讀書，反而要為生計而煩惱，得四處兼職幫補學費和生計。剛巧碰上上世紀二十年代當地經濟不景氣，百業蕭條，本地人且自顧不了，留學生自然更難找到工作。但那個年代的中國年輕人，都是生命力十分頑強之輩，面對逆境，大家沒有怨天尤人的那份奢侈，反而想盡方法掙扎求存。

周恩來靈機一動，想出一個幫大家提供兼職收入的方法，那就是毅然開了一間豆腐店。一九二二年六月，在周恩來出主意，鄧小平負責具體打理下，在花都巴黎，開了一家中國式豆腐店，店名就索性叫「中華豆腐店」。

有了這間豆腐店，於是不少當地中國留學生，課餘便到這裡兼職，甚至連大忙人周恩來自己，也常常親自抽空到這裡座鎮。一大班年輕人，一起幹活，雖然課餘還要兼職，確是十分勞累，但因為大夥兒年紀和心性皆相近，於是勞動時，也有說有笑，不失苦中作樂。

正如前述，中國人都喜歡吃豆腐，於是不少華僑都到這裡光顧，後來甚至連法國人都聞風而至，豆腐店往往供不應求。在大受歡迎下，豆腐店再擴大經營，增加食物品種，包括豆漿、豆腐花、豆腐乾、凍豆腐和臭豆腐等等，品種繁多，一應俱全。於是，豆腐店在經營得法下，不單幫補了很多清貧的留學生，甚至還為中共旅歐支部提供了部分經費。

如果周恩來和鄧小平不是回國搞革命，而是留在法國繼續經營，可能日後會成為法國的食品業巨子。

從中可見，周恩來和鄧小平的生意頭腦，原來在年輕時代已經可見，而且兩人一早已經是生意拍檔。因此，日後中共立國之後，這對老拍檔又再一起為國家接過整個經濟攤子，也是順理成章吧！

不單止曾經賣過豆腐，周恩來的拿手菜之一就是燒豆腐，他的隨從都叫這道菜作「錢油熬豆腐」，說來有一段故事。話說上世紀六十年代初，大躍進後的中國「三年困難時期」，周有一次親自下廚，招待家裡幾位工作人員，他們都到廚房圍觀，希望一睹總理的手藝和下廚英姿。周拿起油瓶往鍋裡下油，因為當時物質缺乏，他下油時特別小心，一點一點，往往油還沒從油瓶滴出，他就抬高瓶口，好不容易才滴出幾滴油，就立即收起油瓶，開始燒菜。當他察覺到四周的人面面相覷，周才笑著聳了聳肩，自我解嘲說：「放那麼多油幹嘛，現在這麼困難，油放少點，錢油熬豆腐嘛，這是老話了，民間都懂。」

除了燒豆腐之外，周恩來也愛在天冷時吃大燴菜，那是把豆腐拿來和白菜、粉條等放在一起，再用肉湯來燉，就像我們的火鍋，所不同的是，周的是菜多肉少，而我們的卻是肉多菜少。每次周恩來找來副總理和部長等到他家開會，開晚了，索性招呼眾人在他家吃飯，最常煮的，就是這味大燴菜，每次每人往往都要吃三、四碗，吃到大家紅光滿面，就像我們吃火鍋一樣。因此大燴菜，也成了這些老幹部眼中，周家的招牌菜。

說回中國人在巴黎賣豆腐，但其實周、鄧兩人卻並非第一人，而是另有其人，那就是民初愛國志士，國民黨「四大元老」之一，人稱「豆腐博士」的李石曾，四大元老另外三位是蔡元培、張靜江（又名張人杰）、吳稚暉。

李石曾出身官宦世家，三歲隨父入宮見識，甚至見過慈禧太后，因為應對得體，慈禧甚至撫摸他的頭，愛惜地說：「此子將來定成大器。」

一九〇二年，李遠赴法國留學，自幼立志要還我河山，把列強驅逐出神州，原本想學習軍事，卻因為身體不夠強壯，於是改讀農業科學，改用另一種方式救國。後來，他更考入巴黎大學，攻讀生物化學，專攻大豆研究，於一九〇七年，出版了以法文寫作的《大豆研究》一書，之後，再出版了中文版的《大豆》一書。

李沒有把自己藏於象牙塔，他運用了自己專業所長，煮出豆漿給法國人喝，並稱之為「中國奶」，結果大獲好評。這點燃了他的雄心，於是一九一九年在巴黎市郊興建了「巴黎中國豆腐工廠」，以機器大量生產豆腐，更從中國老家聘來一百五十多名工人，成為近代史上，中國留法創業第一人，更獲稱為「豆腐博士」。

當時一次大戰剛結束，法國正百廢待興，物資仍極為短缺，牛奶成了奢侈品，而豆漿價廉物美，營養豐富，李大力宣傳，豆漿是牛奶極佳的代替品，逐漸受到巴黎人接受，而中國豆腐、豆漿和其他豆製品，亦透過法國這扇窗，流傳到歐洲其他地方。

這間豆腐廠，更獲當時法國總統蒞臨參觀，並親自品嚐所出產的豆腐，更讚不絕口，說李為法國人的餐桌上增添了美味。

由於豆腐味道偏淡，不易讓吃慣起司、奶油的法國人懂得欣賞，為了推廣普及這種素食，李在一九一四年於巴黎開了第一間中國餐館「中華飯店」，並推出各種豆腐佳餚，如沙鍋豆腐、麻婆豆腐、涼拌豆腐、豆腐絲、豆腐乾等，讓「重口味」的洋人也較易欣賞豆腐。

不單止法國總統，就連孫中山也到訪過豆腐廠，國父吃素，尤其喜歡吃豆腐，據說這也和李的大力推介有關。

李石曾不是一個普通的豆腐商人，始終不忘自小立志要救國。他的豆腐產業做得十分成功，為他積累了巨大財富，但他沒有拿這些錢去揮霍，反而資助了孫中山的革命事業，孫常常向他募捐，只要發個電報過去，錢就從巴黎匯出去。為了保密，電報發得十分簡單，只有A、B、C三個字中其中一個字，A字代表一萬、B是兩萬、C則是三萬。

除此之外，李還把財富用來資助很多公益事業，除了成立圖書館和書局等，還推動中國青年到法國勤工儉學的運動，結果留法學生中，便出了周恩來和鄧小平，還有其他共和國開國元勳如陳毅和聶榮臻這些大人物。這裡且順帶一提，被稱為香港「民主之父」的李柱銘，其爸爸李彥和，當年也是留法學生，與周恩來甚至有同窗之誼，在法國里昂大學取得藥劑學博士，但回國後卻投筆從戎，成為國民黨將軍。

所以當李石曾得享高齡，九十二歲去世時，卻已經變得兩袖清風，實在十分可敬。

有關李石曾那部分的故事，參考自王志堅和盧小溪所合著《名人吃喝那些事兒》一書。

第二十三章

周恩來的餐桌上之和善

美國已故總統尼克森曾經說過：「中國如果沒有毛澤東，就可能不會點燃起革命之火；但如果沒有周恩來，可能就會被這把火燒成灰燼。」

曾為毛澤東和周恩來各寫了一本暢銷書的作家權延赤又說過，一位日本人曾經對他說，中國在半個世紀裡是屬於「神聖」的，「神」，是毛澤東，至於「聖」，則是周恩來。

毛澤東與周恩來，總是被人拿來相提並論。

如果毛澤東這個湖南人，無辣不歡，最愛吃紅燒肉這類農家菜，並反映了其凡事固執、愛搞對立和鬥爭的性格，那麼周恩來這位江蘇人，曾經放洋留學，性格隨和，最愛與人為善，他又喜愛吃些甚麼？會如江蘇人般嗜甜呢？而有關他飲食的趣聞逸事，又能否反映其性格嗎？

周恩來祖籍浙江紹興，出生在江蘇淮安，因此喜愛江浙風味，是很自然的事。比起毛澤東，周恩來更愛吃，但他在吃這方面卻並不挑剔，廚房煮些甚麼，他就會吃些甚麼，不會像毛澤東那麼固執，甚至頑固。周愛吃的東西也很多，但有幾味菜卻是他曾點名要吃的，例如冰糖肘子和紅燒鯽魚。

例如韓戰時期，周恩來連續工作幾十小時，只靠茶水和麵包來支撐，隨從勸他要正經吃餐飯時，他才疲憊地搓了搓臉，說：「能弄個冰糖肘子吧？」隨從說兩天沒睡，建議他吃點開胃的，他邊批閱文件，邊搖頭說：「活動量越大越需要補充熱量，冰糖肘子可以滿足我的需要。」

毛澤東以紅燒肉來補腦，周恩來以冰糖肘子來補充體力，真的有點相映成趣。

有一次，周恩來吃冰糖肘子吃得正香時，毛澤東那邊忽然來了電話，請他過去。一旦毛把周叫了過去，通常便會談個沒完沒了，所以餐桌上的飯菜便得收拾。周恩來性格節儉，決不容許把吃剩的飯菜倒掉，因而要留下來，到下一頓再加熱來吃，但有時天氣熱，怕食物腐壞，左右也會把剩菜吃掉。

周的原則是「吃到肚裡不浪費」，至於吃進誰的肚子，他並不計較。然而唯獨冰糖肘子和紅燒鯽魚例外。這次周剛踏出大門，轉頭又溜回來，對左右說：「哎，忘了告訴你，冰糖肘子留給我啊。」說到這裡，頓了一頓，才像孩子般不好意思地笑了一笑說：「沒吃夠，我還想吃。」

自此之後，左右和廚子為周恩來安排菜單時，隔幾天，總會安排一餐冰糖肘子給周恩來吃。

毛澤東愛吃紅燒肉，那麼周恩來對這道菜又如何呢？周一樣愛吃紅燒肉，但卻與毛愛吃的那一款有所不同。毛愛吃的只是肉，頂多是加些辣椒，而絕少放菜；但相反，周卻愛拿水蘿蔔和紅燒肉一起燒，其實他更愛沾透了醬油肉汁的水蘿蔔。所以每當春天水蘿蔔當季的時候，他便不忘提醒廚房，多弄幾頓紅燒肉。

貴為開國宰相，日理萬機，周恩來仍有十分溫馨和體貼的一面，這樣一位政治巨人，還會為下屬親自下廚。

他的下廚還反映其性格和藹可親、知恩感恩的一面。從進入北京城到文革，中間的十七年，每逢過年，周恩來和鄧穎超兩夫婦，都要請工作人員吃一頓團年飯，而廚子也一樣成為座上客，不僅不想在歲末還勞煩廚子，也好報答他一年來的操勞。因此，兩人便會親自下廚，燒幾味拿手好菜，其中必燒的一道菜，就是紅燒獅子頭，他甚至說這正是其最拿手的菜。獅子頭屬於淮陽菜，正是周的家鄉菜。周的另一道拿手菜是燒豆腐，有關他「錢油熬豆腐」的故事，上章有述。

堂堂一位總理，都願意為家裡一直服務自己的工作人員，親自下廚，以作慰勞，並絲毫不覺紆尊降貴，周恩來的隨和，可見一斑。周恩來還謙虛的說：「這是一種休息。」又說：「做飯是一門藝術」，而「搞藝術是一種享受」。

換轉是毛澤東，他覺得自己做的都是大事，思考的都是哲學、理論、大戰略、大方針的問題，哪會把時間浪費在為下屬親自下廚？

毛澤東和周恩來是兩類人，前者「固執」，最愛與別人鬥氣；相反，後者卻是「順得人」，最愛與人為善。這從餐桌上一樣可以反映出來。有關毛澤東，從前述紅燒肉的故事，大家都可知一二；有關周恩來，且看看以下兩個小故事。

有一次，廣州市南湖賓館剛剛修好，那裡建有為毛澤東修造的房屋，碰巧周恩來路經廣州，軍區司令等地方首長特地相迎，並順道帶他視察。檢查完畢，大家便順便在那裡吃飯休息。因為賓館剛建，又設於郊外，所以物資採購還未完備妥善，再加上一下子來了一大夥人，飯菜準備並不充足，大家剛吃了半飽，飯桌上已經空空如也。

軍區司令本來便是講求面子之輩，更何況來的是周總理，又豈容半點待慢。現在客人沒吃飽，作為主人實在失禮，不禁面色大變，接待人員見狀都噤若寒蟬。司令遂瞪著負責接待的所長，問怎麼不上菜？所長當然有口難言，甚麼東西都用光用盡，怎樣還能再做幾道菜？但這些話又豈能說出口。

精靈的周恩來，看出了當中的難言之隱，遂笑呵呵，幫忙解圍說：「不要上了，也不要炒甚麼菜。飯不夠，水果湊。把你們南湖的水果搬上來點行不行？」

不料這裡也實在太不像話了，連水果也沒有準備，於是所長也不敢作聲，而腳也沒有動。司令於是更加光火了：「還楞甚麼？拿水果去！」

善觀眉頭眼額的周恩來，繼續笑著說：「別的水果不要，我愛吃木瓜，你們就拿木瓜來。怎麼樣，你們愛吃木瓜嗎？」接著目光一掃。大家見周總理如此問，當然無論愛不愛吃，都紛紛點頭和應，說愛吃。

司令這刻聲音才沒有那麼火爆，朝所長吩咐：「總理愛吃木瓜，聽見沒有？」所長嘴裡應著，但腳下卻仍然慌亂，走走停停，欲言又止，為的是院子裡木瓜樹雖然種得不少，但之前誰也沒有想到要保存幾個熟的。

真虧周恩來看得穿，他手一揚再說：「我可不要放熟的木瓜，存久了有股霉臭味。我到你這裡來可要講究講究，你給我上樹摘新鮮的，要拿新鮮木瓜招待客人麼。」

「是，總理，我就給你摘去！」所長這時才如釋重負，拔腿就往外跑。背後還傳來總理的親切關心：「注意安全，小心別摔著。」

周恩來就是如此善解人意，與人為善。本來主人家難堪到恨不得有一個洞可以鑽進去的尷尬場面，就給他三言兩語，談笑風生地解了圍，讓主人家面子好放，這就是這位總理的胸襟和氣度。

有時周恩來的「順得人」，簡直到了一個匪夷所思的地步，再讓我說另一個故事。

起初，周恩來本來極為討厭狗肉，一聽見就厭惡地皺眉，說：「那東西我連味都聞不得，想不出你們怎麼會饞狗肉？」又說：「我才明白五台山的人為甚麼都討厭魯智深，他本來不錯，就是喜歡吃狗肉。」

周恩來有一個下屬叫龍飛虎，後者從西安事變起便跟隨他，到了抗戰時國共合作，周長駐於重慶時，龍飛虎便當周公館的館長。龍特別愛吃狗肉，認為這是天下間最美味的東西，不能理解為何周不愛吃。

有一次正值冬季，天氣陰冷，龍因為只有吃狗肉才能令身體暖和，於是想出一個主意，做了一味聞不出狗肉味的狗肉，請周恩來吃，說是紅燒肉，卻不說清楚是紅燒甚麼肉。周不知有詐，便一口一口的吃。

到飯後，龍才笑笑的問：「周副主席，身上暖和了吧！」

周說：「吃過飯當然身子暖了。」

龍再笑說：「還是狗肉暖身子。」

周立時打了個突，問他說甚麼？

龍說：「周副主席，今天請你吃的是狗肉。」

周頓然色變，感到十分噁心，卻吐不出來。他立時發起脾氣來，厲聲斥責對方。但龍卻默不作聲，因為他知道周心地善良，發了脾氣後不會報復。周要來茶水漱口，又連喝幾口茶來壓壓胃，後來也沒有追究。

周恩來後來偶爾說：「龍飛虎騙我吃狗肉。」但卻只是開玩笑性質，過了一段時間，他甚至轉為接受狗肉。共和國成立後，朝鮮領袖金日成來中國訪問，周恩來甚至可以投其所好，以狗肉火鍋招待。金日成有點意外，說：「沒想到周總理也這麼愛吃狗肉。」周說：「這要感謝我過去的一位祕書龍飛虎，他騙我吃狗肉，我當時還罵了他，可畢竟是從那一次開始，我漸漸能吃狗肉，愛吃狗肉了。可見接受一種新生物不容易……」

周恩來就是如此「順得人」，事件的主角如果換了是毛澤東，龍飛虎不被拿去勞動改造才怪！

本文的資料來自權延赤所著《走下聖壇的周恩來》一書。《走下聖壇的周恩來》這書，是作者訪問許多長期生活在周恩來身邊的工作人員，包括警衛、衛士、祕書、醫護保健人員，以至黨政幹部，搜集資料而寫成。這些人當中部分的真實身分和名稱，見書中的後記部分，另外本文亦有參考權延赤另一部作品，《餐桌上的中共領袖》。

第二十四章
毛岸英之死：蛋炒飯改變了共和國命運？

在號稱自己是「共和國」的政體中，最難看的莫如是朝鮮，政權已經被金氏家族三代壟斷了近七十年，基本上可說是一個「金氏皇朝」，與君主世襲制無異。很多人都慶幸，當年毛澤東被舉國奉若神明，而中國卻沒有像這個社會主義盟邦一樣，搞出一個「毛氏皇朝」。

但大家又可知道，其實毛澤東也曾經苦心栽培過兒子毛岸英（他另外兩位兒子，毛岸龍早夭；而毛岸青則患有精神分裂症，毛澤東醫生李志綏在回憶錄對此有記），派他隨人民志願軍入朝作戰，任司令部俄文翻譯和機要祕書，但最後卻在美軍機轟炸時陣亡。

不少人都認為毛派兒子入朝，是要讓他擁有作戰履歷，為政途打好基礎。如果毛沒有在韓戰中陣亡，反而是順利「鍍金」，那麼他是否會從此扶搖直上，甚至成為毛的接班人呢？這是坊間一大熱門話題。

至於毛岸英是如何遇難的？不同資料提供不同說法，其中之一竟然是口腹累事！

曾任志願軍司令部作戰處副處長，及司令部辦公室副主任的楊迪，在其一九九八年出版的回憶錄《在志願軍司令部的歲月裡：鮮為人知的真實情況》中，透露毛之死竟與蛋炒飯有關！

書中提到，當時美軍轟炸猖狂，為了加強防空，指揮部定出措施，包括白天工作人員都得離開房屋到防空洞工作，以及在拂曉前做好午、晚飯，燒好開水，天亮後就不准冒煙。

但十一月二十四日（書中說是二十四日，但官方紀錄卻是二十五日）那天拂曉，當司令員彭德懷和副司令員洪學智等領導已經進了防空洞後，楊迪在巡查時，卻發現彭辦公室內仍有三人在「炒米飯吃」（此書分別於二〇〇三、二〇〇八年推出第二、第三版，當中再加入用雞蛋炒米飯此細節）。

楊迪向其中一人成普說：「老成，你們怎麼還在炒飯吃呢？趕快把火弄滅！」成普說：「我們馬上就走。」但不料敵機轉眼就到並投下汽油彈，一顆正中辦公室，把房子炸塌並燃起大火，成普在千鈞一髮之際從窗口緊急跳出，但身上衣服已經著火，他趕緊把衣服脫下，並在地上打滾，把身上火撲熄。當被問到另外兩人安危時，成普說：「他們往床底下躲，沒有出來。」

後來彭、洪等司令知道後，連說：「這可糟了！這可糟了！」又說：「這怎麼交待呀！」楊迪這時還一頭霧水，打仗難免要死人，有甚麼不好交待？後來待事情安頓後，楊迪問及同袍丁甘如處長，他才嘆了口氣悄悄說：「炸死的那位俄文翻譯，是毛主席的兒子毛岸英同志……毛主席的兒子炸死了，這怎麼向毛主席交待？主席最喜歡這個從蘇聯回來的兒子，回國後要他到農村、到工廠去體驗生活，這次又把他送到朝鮮戰場來體驗戰爭，剛入朝一個月就犧牲了……」

大家看到這裡，是否有點目瞪口呆呢？

如果這個說法屬實，毛岸英無疑死得太不光采，不單因為口腹累命，且還帶出一個問題，當年在朝鮮作戰物資短缺，毛哪裡可以弄來雞蛋炒飯？楊在其回憶錄第二、三版補充，這些雞蛋是朝鮮人民軍最高司令部送給中方司令員彭德懷的，在當時來說相當珍貴。但那麼，毛又有否徵得彭的同意拿這些蛋來炒飯呢？

或因這種說法觀感不好，毛岸英遺孀劉思齊後來接受採訪時，反駁這是「毫無根據、不負責任的言論」，並說「雞蛋炒飯！朝鮮戰場那麼艱苦，哪裡來的雞蛋？哪裡來的大米？」（見〈劉思齊回憶一次痛苦一次〉，刊於二〇一〇年十月三十一日《北京晚報》，作者金力維）

另外，北京電視台節目《檔案》在二〇一二年播出的〈毛岸英死亡真相：禍起蛋炒飯？〉一集，也駁斥這說法為「天大的謊言」，並訪問當事人之一，志願軍司令部作戰室主任成普，稱當時司令部並無雞蛋，根本無法做蛋炒飯。

後來，由成普生前口述，由成曦和密巍整理，死後於二〇一一年刊登於《文史參考》的〈現場目擊者見證：毛岸英犧牲真相〉一文，則透露了烤蘋果皮：「（毛岸英）從子彈箱裡抓了一個大蘋果。朝鮮盛產蘋果，金日成派人送來了一些，志願軍總部又自己買了些，所以作戰室裡有的是蘋果。對於吃蘋果，這些參謀人員還能吃出花樣來：把削下來的蘋果皮，放在紅熱的火爐上烤，烤得焦乾，吃起來，又香又甜又脆。毛岸英現在就這樣，把那一圈長長的果皮放到了爐子上。」不久敵機又飛回來，再次掠過作戰室上空，大批汽油彈投下，作戰室眨眼間成了一片火海，成普自己被燒傷，後來警衛在灰燼上尋到毛的遺體。」

此文後來再授權發表於中國共產黨新聞網，但新版本卻刪去了有關烤蘋果皮的細節。

此外，成都軍區政治部研究員元江，根據志願軍司令部作戰處處長丁甘如的文稿及訪談錄，整理出〈彭德懷脫險與毛岸英遇難〉一文，於一九九七年在《軍事歷史》刊登，文中就說，毛岸英連日工作而十分疲倦，當天凌晨從食堂打回飯後先睡了一個多小時，之後用火爐加熱冷透的饅頭和稀飯，正端起碗吃時轟炸就發生。

因為楊迪和成普都是身在現場的當事人，現身說法無疑較為權威，所以毛岸英是死於生火煮食，曝露位置，惹來敵機攻擊這說法，該是可信的。但至於是蛋炒飯還是烤蘋果皮，也就成了歷史之謎。但無論如何，因為毛岸英在「抗美援朝」時捐軀，共和國的命運亦因而改寫了。

第二十五章

胡錦濤和溫家寶的「餃子政治」

撇開家族貪腐傳聞，起碼在公眾領域的民意上，溫家寶可能是自周恩來以來，最受中國民眾愛戴的國務院總理，因此，很多人都想多知道一點有關他的事情。二〇〇九年二月，在一次與網民交流的過程中，他透露了其生活的一些點滴，當中包括其飲食習慣。

該年過年前夕，溫家寶前赴剛在二〇〇八年發生大地震的四川災區，和當地群眾過年，並親手為鄉親們烹製了一道「回鍋肉」（見圖①），於是有一位網友問總理：「我們在電視上看到您的回鍋肉炒得不錯，餃子包得也很漂亮，平時您在家做飯嗎？拿手菜是什麼？您喜歡吃什麼菜？」

溫家寶告訴網友，他也會做一點飯，廚藝是年輕時候培養的，那時和妻子誰下班較早，誰就做飯，吃得很簡單。

很多香港人聽了之後有點好奇，堂堂總理日理萬機，竟然也有空到平民百姓家裡包餃子、炒回鍋肉？

這就得從胡錦濤和溫家寶當初上台，兩人所要推動的「胡溫新政」說起。

胡溫之前的江澤民，其任內最大的政績，就是讓中國成功加入世貿，經濟迅速發展，中國暴富起來。卸任前，江澤民便提出了「三個代表理論」，那就是中國共產黨代表了中國「先進生產力」、「先進文化」，以及「廣大人民根本利益」，當中最想帶出的，無非是在他領導下，中國發展出先進生產力，讓人民富起來，這也是江自我的歷史定位。

雖然在江澤民領導下中國暴富，但不惜一切代價去追求發展和發財，卻讓中國出了不少問題，包括貧富不均不斷擴大，生態環境遭破壞、社會道德水平下降、弱勢社群被社會發展所遺棄。江讓「資本家入黨」，例如讓民企富豪進入中共中委，更遭到不少詬病。

胡溫甫上場，為了短時間內尋求民意支持，建立認同，他們選擇了回應社會長久積累的不滿，並針對性的提出「新三民主義」，強調「權為民所用；利為民所謀；情為民所繫」，以及「以民為本」的施政理念，向弱勢社群如愛滋病患者、礦工、農民等靠攏（起碼在媒體及形象上是如此），企圖透過糾正前朝的遺漏和缺失，短時間內建立自己鮮明的領導風格和權威。

所謂「胡溫新政」，其核心訊息就是扶助弱勢社群，但胡、溫聰明的地方是，他們知道不能單靠喋喋不休的說教方式，來說明有關的「硬」道理，否則就流於「黨八股」。相反，一場精心策劃，富有人情味的政治表演，反而更能為自己的哲學，提供一個勝過千言萬語的註腳。

① 二〇〇九年新春，溫家寶到四川地震災區與災民過節並炒回鍋肉。

二〇〇五年的農曆新年，胡溫這些國家領導人沒有閒著，溫家寶冒著嚴寒，千里迢迢，抵住雨雪紛飛、滿地泥濘、山徑崎嶇，走到愛滋病重災區的河南省上蔡縣，探望和慰問病患者，與他們共度春節，與愛滋病孤兒一起吃年夜飯。

除了向醫務人員瞭解愛滋病的防治工作之外，溫家寶更走到吊著營養液的嚴重病患者床前，親切的握著他們的手，仔細詢問病情，鼓勵他們要堅持下去。類似的畫面在溫總理探訪期間反覆出現，他毫不顧忌，不斷以親切的身體接觸，來為病人打氣，令他們不覺得自己像「痳瘋病人」般，被社會排斥和遺棄。

很多人看在眼裡，可能心裡都會為溫總理捏一把汗。還記得當年香港特首夫人董建華太太，在SARS期間，又要做親善大使，但又為人膽小，到疫區牛頭角探訪時，竟然把自己包裹成像個「蒙面超人」一樣，營造了一幕經典的諷刺場面；而董特首自己當時也沒有到醫院探望，並聲稱這是因為自己的健康對香港十分重要。難道溫總理就不怕被傳染嗎？

撇開有關愛滋病的衛生常識不談，其實，做政治人物就是需要具備這樣的勇氣，就像已故的戴安娜皇妃，當她把患上愛滋病的兒童抱起一擁入懷時，她的勇氣和愛心，令她逝去多年之後的今天，仍然是世人所愛戴的「人民皇妃」。溫總也是一樣，在SARS高峰期間風雨飄搖那一段日子，當每個人也都帶起口罩，當你「咳」一聲，大家都像「見鬼」般「彈開」幾丈時，他不單走到重災區北大探望學生，更與他們一起用膳，這讓人印象深刻。

河南省當時是人所共知的愛滋病重災區，當中很多悲慘故事，傳媒都不知報導了多少次，省內很多鄉鎮，在過去幾年幾乎成了人人避之則吉的「鬼域」。但溫總理偏偏就是特別選擇了這樣一處地方來過年，以及帶出他的政治信息。正如一位老鄉說，自從他夫婦倆人患上愛滋病後，家裡便冷冷清清，親戚朋友便很少到他家裡來走動，想不到今次一來便來了一位總理。他激動地說：「總理帶來了我對生活的信心！」

另一位國家領導人，國家主席胡錦濤，新春期間也走到自己曾擔任省委書記的貴州，深入偏遠的苗族自治州看望貧農家庭，與他們共度春節。

從此，與老百姓尤其是弱勢社群一起過年，一起吃團年飯，當時成了胡、溫兩人的「新年習俗」，甚至成了當年「胡溫新政」的一大標記，以及每年春節期間國內傳媒報導的新聞重點。連續多年，每年歲末或新春，胡、溫便會到愛滋村、礦井、油田（見圖②）、四川地震災區等，那些該年國家發生重大事故和苦難的標誌性地方，與基層民眾度歲。

於是歲末新春，大家會在傳媒上看到這樣溫馨的畫面：溫家寶脫了鞋，盤著腿，坐到炕上，與村民一起圍坐，閒話家常；胡錦濤見到戶主正在剪紙花，會興致勃勃地也一起剪，剪出一幅鄉土氣息濃郁的窗花。胡錦濤到了老鄉家，會懂得主動走去廚房，揭開鍋蓋，看看爐灶，又詢問他們有沒有存煤；至於感情豐富的溫家寶，則會親切地捉著八十多歲老人家的手問，問他晚上睡覺冷不冷，問後還不放心，還摸了摸老人家穿的棉衣，又走到其床前，看看被褥夠不夠，再叮囑村里的幹部，說老人年紀大了，要住所裡都準備個便桶。

至於包餃子（見圖③、④）、炸油角（見圖⑤），更是每年少不了的招牌動作。胡、溫兩位堂堂國家領導人，他們會與百姓一起包餃子又或者一起炸油角，與民眾親切互動，而非緊繃著臉，一本正經的訓話。

美聯社的報導還見證說，兩人包餃子的動作非常熟練。美聯社更分析，指出「餃子」這種最普通和最具中國特色的食品，最容易得到中國人民的認同，並稱之為胡、溫的「餃子政治」。

有異見人士曾譏諷溫家寶是「中國影帝」，但其實我們也不用太過犬儒，

② 二〇〇六年溫家寶與油井工人一起吃年夜飯。

③ 胡錦濤到百姓家中過節時一起包餃子。

④ 溫家寶到百姓家中過節時一起包餃子。

⑤ 胡錦濤到百姓家中過節時炸油角。

就算是西方民主政體，又有哪個國家的總統、首相不作類似的「政治秀」？如果能夠讓社會中的弱勢社群通過媒體的新春報導，而重拾主流社會的關注，那又何傷大雅？也能對當事人作出一點點心靈上的撫慰。

第二十六章
習近平上任之初的「包子政治」

之前談過，胡錦濤和溫家寶在上任之初，針對前朝的不足和缺失，提出了「新三民主義」，且標榜扶助弱勢，來回應社會對貧富兩極化的不滿。胡溫更用精心策劃、富有人情味的政治表演，如與愛滋病患者、礦工、農民等弱勢社群度歲和拜年，來展示自己以民為本、與弱勢同行的領導風格，務求要演活「胡溫新政」。

到了習近平繼任，甫上場，同樣為求短時間內尋求民意支持，建立認同，他又用類似手法，針對前朝缺失，作為自己施政方針，而他選的主題，就是廉潔和反貪腐，而習也同樣為此作出了一連串政治表演。

二〇一三年四月十八日，香港《大公報》刊登了〈北京「的哥」奇遇：

「習總書記坐上了我的車」〉的一篇獨家報導。報導中說三月一日北京一位的士司機郭立新，載了一位稀客，起初司機跟大多數北京同行一樣，跟乘客一起聊聊時事如霧霾和污染，後來司機才認出這位稀客原來就是黨總書記習近平，而對方也大方承認。司機說自己激動得渾身是汗，習卻關懷他生活，與他聊收入，又問他對黨和政府的工作有甚麼看法，並感謝了他對黨的信任。司機向習說：「您這樣平易近人，走到我們老百姓身邊，這是我們的福分。」習笑着說：「大家本來就都是平等的，我也是來自基層。」到了目的地，司機本來不想收車費，但習卻堅持支付。最後習在司機要求題字下，在一張司機臨時張羅來的發票上，寫上「一帆風順」四個字，再與司機握了握手才下車，走進目的地釣魚台大酒店大堂，司機說當時見不到有人迎接。

這篇報導刊登後，之後的發展可說是曲折離奇，峰迴路轉。同日中國官方新華社下午二時許向北京交通部門求證，獲得證實；到五點五十分新華社卻指報導為虛假新聞，幾乎同一時間，各大網站所有轉載該報導或有關的評論、微博即被撤銷或屏蔽。《大公報》當晚即作出道歉。

據從北京消息靈通的朋友處瞭解，這宗習近平微服出巡的新聞屬實，只是當時中共中央，出於組織紀律及其他政治考慮，並不太同意習的行徑，也不想高調處理這宗新聞，才予以否認。習無非是想通過微服出巡，而突顯自己平易近人、沒有架子的一面。

習近平在北京慶豐包子店吃包子

同年十二月二十八日，習近平又微服出巡，到北京老字號慶豐包子店吃包子。他親自排隊點餐，點了六個豬肉大蔥包子、一碟芥菜及一碟炒豬肝，共二十一元。過程中習沒有勞動隨從，自己親自排隊、付款、端盤、取包子，再與市民併桌用餐，又與市民聊天。習的這場親民秀，被「網友」拍下照片並在微博上瘋傳（見圖①、②），引發熱議，不少人大讚「習總親民」。

結果習的一次光顧，讓慶豐包子店瞬間紅得發紫，四方民眾如潮水般湧至，人龍不斷，爭相點吃由六個豬肉大蔥包子、一碟芥菜及一碟炒豬肝組成，共二十一元的「主席餐」。

有香港網民更打趣為習近平吃包子的「密碼」破解：包子舖名為「慶豐」，與普通話「清風」諧音，習或暗示官員要「兩袖清風」；炒豬肝意味像豬一樣貪婪的幹部會被「炒」，開除的意思；芥菜為「戒財」諧音，是警告不可斂財；豬肉和大蔥的餡代表「一清二白」；二十一元是不管「三七二十一」無論如何的意思。因此總結就是：「官員須兩袖清風，不可斂財，一清二白，否則不管三七二十一，一定會被炒！」

無論如何，習也是想透過微服出巡，以及吃平民平常吃的包子，來突顯自己平易近人、沒有架子以及儉樸的一面。

習近平不單走入民間，表演吃包子，就連招待外賓時，也一樣表演吃包子，且今次牽涉的是台灣政要，不錯，就是連戰。

二〇一四年二月十八日，習近平在釣魚台國賓館設「家宴」款待從台灣到訪大陸的連戰。由於兩人是陝西老鄉，習特別以陝西菜款待，兩人在席間還用家鄉話交談。習為連特別準備的家鄉菜包括：羊肉泡饃、肉夾饃、biáng biáng麵。後者由於字太難寫，習還特別用小紙條寫下來給連看。此外，習還以陝西的西鳳酒來款待連。

很多香港人看到之後，都會摸不著頭腦，問這究竟是些甚麼東西？

羊肉泡饃是由食客把烤餅，掰成指頭般大小的碎塊，然後放入以羊骨、羊肉、大量香料煮成的滾熱羊肉濃湯裡，混在一起吃，口感綿爛。

至於肉夾饃，其實名字並不十分貼切，實際是饃夾肉，即是把烤餅夾著肉片來吃，就似漢堡，或更似中東的卡巴（kebab）。

最後，biáng biáng麵，「biáng」是陝西圖騰的文字，指陝西關中地區流傳的一種麵食，用肉臊子、番茄雞蛋和炸醬三種東西作為拌麵的配料，再加入

辣椒一起吃。

讀者看了後，可能會心裡暗忖，有朋自遠方來，而且對方貴為國民黨榮譽主席，你竟然會請人吃碗麵、吃個包、吃碗糊，這樣便草草算作一餐，不要說鮑參翅肚，就連一隻雞、一隻鴨、一條魚都沒有，是否又太寒酸了一點，待慢貴客？

其實，說到底，這又是習近平上任之初，想藉此展示自身儉樸，戒絕奢華。習近平上台之後，以反貪腐作為其核心政治綱領，整頓貪官無數（當然當中少不了其政敵），在為官和生活作風上，提倡儉樸，反對奢華和浮誇。於是，他又豈能不以身作則，身體力行，做好榜樣，於是這些吃飯場合，便成了他政治表演的最佳舞台。

對於一個政治領袖來說，吃飯不單止是吃飯，也是彰顯他的政治風格、傳遞政治信息的場合。

上次紅了慶豐的「主席餐」，這次市場反應一樣的快，陝西的餐館也瞄準商機，瞬間乘勢推出了「習連套餐」。例如其中一家，便推出了由蒜片黃瓜、熗拌蓮菜、老陝拆骨肉、凍凍肉四樣涼菜，再加上三款主角羊肉泡饃、肉夾饃、biáng biáng麵組成的套餐，定價五十八元，不少客人湊熱鬧，成為一時潮流。

透過簡簡單單的兩餐飯，便起到全國性的宣傳和輻射效應，就是這些政治表演成功之處。

習近平更把這種儉樸的生活態度，說成是一種家風。二〇一三年十月十八日，適逢習近平之父習仲勛百年誕辰之際，《人民日報》以整版篇幅刊發習近平母親齊心撰寫的文章〈憶仲勛——紀念習仲勛同志一百週年誕辰〉。當中提到在習仲勛八十八歲的壽宴上，因公務繁忙而缺席的習近平曾給父親寫了一封信，他在信中表示，要學父親為人坦誠、忠厚、不說假話，以及儉樸。習說：「父親的節儉幾近苛刻。家教的嚴格，也是眾所周知的。我們從小就是在父親的這種教育下，養成勤儉持家習慣的。這是一個堪稱楷模的老布爾什維克和共產黨人的家風。這樣的好家風應世代相傳。」

二〇一四年二月，北京公布了新的接待外賓管理辦法，那是被形容為史上最嚴的一套接待外賓管理辦法，規定接待外國國家元首每人每天限制在六百元，嚴正要求住宿、餐飲、送禮等方面都嚴禁講求排場、奢華，務必要杜絕奢侈浪費。外賓日常伙食招待更提倡採用自助餐等節儉形式，就算要宴請的話，也不得超過兩次。

但是，必須一提的是，這些習近平吃包子的新聞，主要集中在他上任的頭兩年。

二〇一七年末，中共舉行十九大，把「習近平新時代中國特色社會主義思想」寫進中共黨章，讓習思想成為繼「毛澤東思想」、「鄧小平理論」之後，第三個以領導人名字命名寫進黨章的思想，意味著習的地位高於之前兩任黨總書記江澤民和胡錦濤，讓習的絕對權威得以樹立。到了二〇一八年初，中國甚至通過修憲，刪除了國家主席「連續任職不得超過兩屆」的任期限制，為習的終身制鋪好路。

從此習近平大權在握，前述那些突顯他平易近人、沒有架子、儉樸的政治表演如微服出巡和吃包子等，也就成明日黃花，反而全國大搞個人崇拜，卻方興未艾。

第二十七章

小吃外交：習近平的炸魚薯條與Mojito

近年國際政壇開始流行所謂「小吃外交」，那就是當政治領袖到外國訪問，在官方場合以外，他們也會抽空到訪當地餐廳。但他們光顧的都不是甚麼米其林三星名店，吃的也不是甚麼山珍海錯，反而都是一些地方小店，吃的都是充滿道地特色的道地平民小吃，且這些政治領袖不會高高在上，生人勿近，甚至拉鐵門趕人，反而會與當地普通百姓一起用餐，相安無事，與民同樂。

這種作法，除了讓外界覺得當事人隨和親民，入鄉隨俗之外，當地百姓發現這些大國領袖，也懂得欣賞他們的道地平民小吃，實在臉上有光，倍感親近，甚至達到口耳相傳的宣傳效果。

舉個例，二〇一六年五月，時任美國總統歐巴馬訪問越南，大家除了見到他與當地政要相談國家大事之外，還有別開生面的一幕：他到了當地一間小店，坐著塑膠凳，捲起衣袖，與友人喝瓶裝啤酒，大啖烤肉湯米線、炸春卷等越南平民道地小吃。

他這位朋友不是別人，而是鼎鼎大名的美國名廚，兼美食旅遊作家和電視主持波登（Anthony Bourdain）。事後，這位名廚在自己的臉書上傳兩人共餐的照片，旋即在網絡及媒體引起一陣哄動。

波登在照片旁加上評語：

「矮膠凳、平價但美味的湯米線，還有河內的冰凍啤酒。」（Low plastic stool, cheap but delicious noodles, cold Hanoi beer.）

「這次與總統共進的烤肉湯米線晚餐，共花了六美元，由我付鈔。」（Total cost of bun Cha dinner with the President: $6.00. I picked up the check.）

除了歐巴馬這次之外，例子還包括他的副手拜登，訪華期間，拜登到北京小店吃炸醬麵和豬肉包子。

二〇一一年八月十八日，這位美國副總統，與當時剛剛履新即以親民見稱的駐華大使駱家輝，一行五人，走到北京一家小店吃平民餐，他們叫了五碗炸醬麵和十個豬肉包子作主食，再叫了涼拌黃瓜、糖拌山藥、涼拌土豆絲作小菜，再加美國國飲可口可樂，品嚐道地北京平民小吃。此餐一共吃了七十九元，拜登從口袋中掏出一百元鈔票結帳，剩下的二十一元當作小費。

更難得的是，有關方面在作完安檢之後，並沒有趕人，拜登逗留半小時，與普通食客一起用餐，還跟店裡其他客人打招呼，氣氛融洽。拜登結帳之後，還對店主表示歉意，稱給店方帶來不便。

這場吃飯親民秀在網上引發熱議，紛紛拿來與中國官僚的奢華作風比較，並稱「居然沒有山珍海錯、沒有橫額、沒有迎賓，讓我們的領導們情何以堪」，拜登和駱家輝就此贏了不少中國人的歡心，為何謂美國價值作了一次極佳的宣傳。

其實，就連並非來自民主政體的中國國家主席習近平，也一樣懂得這一套。

舉個例，二〇一五年九月習近平訪問古巴期間，便到當地酒吧喝了一杯Mojito。

Mojito是甚麼？那是放入數片新鮮薄荷葉，灑上一點糖，擠幾滴新鮮檸檬汁，以研磨棒搗碎，倒進蘇打水，再倒入蘭姆酒，最後放入冰塊，再用攪拌棒輕輕攪勻，那就成了一杯冰塊撞擊聲清脆、薄荷味清涼、冰凍清爽醒神的飲品。

習近平說：「海明威的《老人與海》給我留下了深刻印象。我第一次去古巴，就專程去海明威當年寫《老人與海》的棧橋邊去體會。我第二次去古巴，就去了海明威經常去的酒吧，點了海明威愛喝的蘭姆酒，加薄荷和冰塊兒，Mojito。我想體驗一下海明威當年寫作的實際體驗和氛圍，我認為對不同文化和文明都需要去深入的瞭解。」

海明威是美國記者和作家，卻曾一生斷斷續續在古巴住了不少時候，並在那裡完成了不少文學作品，包括在一九五二年出版的《老人與海》，並稱此是「畢生佳作」。結果，他也憑此小說在一九五三及五四年，分別奪得普立茲獎及諾貝爾文學獎。

那間習口中稱海明威經常光顧並喝上一杯Mojito的酒吧，應是La Bodeguita，座落於古巴首都哈瓦那舊城區教堂廣場附近的小巷內，有兩層樓高，內裡空間並不大。今天，La Bodeguita，已成了觀光客朝聖的地方，至於那裡的Mojito，也成了必喝飲料。

習近平只提到Mojito，不知他是否知道，海明威在當地還有另一款「心頭好」飲品呢？海明威在前述酒吧其實留下了兩句親筆書寫：

My mojito in La Bodeguita; My daiquiri in El Floridita.

大概意思就是：在La Bodeguita這間酒吧，他會喝杯Mojito；而在另一間酒吧El Floridita，則會喝杯Daiquiri。

那麼，究竟Daiquiri又是甚麼樣的飲品呢？

其實，也是以蘭姆酒，加糖、檸檬汁、冰塊，在攪拌機裡攪拌而成的雞尾酒，但與Mojito不同，沒有薄荷葉和蘇打水，而檸檬汁也不一定是鮮榨的。Daiquiri的質感類似冰沙。

名酒配名士，本來應是十分浪漫的風流韻事，但太美麗的東西，卻總會惹來一些雜音。

一位曾經研究過海明威一生飲酒習慣的作家菲利普．格林（Philip Greene），撰寫了一本書《一杯又一杯：海明威的雞尾酒伙伴》（*To Have and*

Have Another: A Hemingway Cocktail Companion）。書中提到Mojito時說，海明威根本並不嗜甜，他在喝其他雞尾酒如Daiquiri時，也會去糖，海明威在哈瓦那住了那麼久，當然喝過Mojito，但是否為最愛，則大有疑問。作者甚至說，這只是酒吧杜撰的推銷手法，他甚至找來筆跡專家鑑定，認為前述兩句所謂親筆書寫，根本也是模仿和偽造的。

但願格林是錯的，否則的話，習近平當年特地慕名到酒吧一趟，喝杯Mojito，要「體驗一下海明威當年寫作的實際體驗和氛圍」，那就白走一場了。

再舉一例，二〇一五年十月，習近平訪英，與時任英國首相卡麥隆在其郊區別墅「莊園會晤」後，兩人再到附近一間卡麥隆自己喜愛的酒吧喝啤酒，以及品嚐了英國「國食」炸魚薯條。根據當地媒體報導，品嚐炸魚薯條更是中方向英方反覆提出的特別請求。

這難免讓人聯想到，繼當年美國總統羅斯福的「熱狗外交」，及近年另一位美國總統歐巴馬的「漢堡外交」之後，又上演了一幕「炸魚薯條外交」，這會讓當地民眾好感倍增，覺得一位來自堂堂美食大國的元首，也欣賞他們的國食，實在臉上有光，倍添親近。

去酒吧喝一、兩杯，是英國人日常生活的一部分。每個英國小鎮，有三處地方最重要，是大家日常生活的中心，那就是教堂、球場以及酒吧。它們代表英國人性格上的矛盾，那就是：遵守禮教的一面，以及渴望擺脫約束的另一面。

酒吧，英文稱作「pub」，那是「public house」的簡稱，無論在英國城市內的橫街窄巷，以至市郊的窮鄉僻壤，總能夠在幾分鐘腳程中找到一間。酒吧歷史悠久，那裡是大家日常聚聚，喝上兩杯，閒話家常、八卦的場所。英國人可能因為當地天氣陰沉和苦寒，因此生性比較冷漠，所以只有當兩杯下肚，多了幾分酒意，人比較放鬆，話才會多起來。所以，酒吧在英國扮演重要的社交功能，補充了一個偏向冷漠的社會之不足。

在這裡，大家可以擲擲飛鏢，打打桌球，玩玩紙牌，今天當然是看看足球電視直播，捧捧各自擁護的球隊，便可以打發不少時間，更可以交朋結友，把工作和家庭上所遭遇的不快，拋諸腦後。

十八世紀英國大文豪塞繆爾．詹森（Samuel Johnson）曾說過：「在人類所有發明之中，沒有比起好的酒吧能夠為人們帶來更大的歡樂。」（There is nothing which has yet been contrived by man, by which so much happiness is produced as by a good tavern or inn.）

因此，到酒吧喝杯啤酒，吃吃炸魚薯條，也算是體驗一下當地人生活，為自己添個親切隨和形象。但從照片看來，歐巴馬比起習近平，表現得更自然而瀟灑。

說回炸魚暮條，對中國人來說，或許會對英國的炸魚有點不屑，認為作法太過粗糙，尤其是香港人，認為這樣根本不能吃出魚的鮮甜味，還是我們以薑蔥絲和豉油來調味的蒸魚，要高明得多，能夠帶出魚的細膩甜味和嫩滑彈牙的口感。

但炸魚薯條在英國卻是十分平民化的食物，據說英國有漫畫家曾經拿過英國皇室和炸魚薯條來開玩笑，畫過一幅十分出名的漫畫。話說那是英國財務吃緊的年代，皇室經費遭民選政府不斷削減，於是漫畫中畫的，一邊是英國女皇在白金漢宮門口舉牌抗議經濟緊縮；而另一邊，則是御廚要求炸魚薯條店，代為準備皇室的晚餐。從中可見，炸魚薯條確是當地經濟並不寬裕人士的恩物，午晚餐皆宜。

炸魚薯條之所以平民化，當然是因為魚和馬鈴薯在英國都是垂手可得的食材，可謂價廉物美，再加上製作簡單，現炸現賣，油香四溢，且新鮮熱辣、携帶方便，可以打包回家再慢慢品嚐。況且，如果食材新鮮，不用低品質油尤其是回鍋油，且是現炸，而火候又恰到好處，不要把魚和薯條炸到乾巴巴，能夠做到外酥內嫩，那也不失為一款美食。

英國上流社會吃炸魚薯條時十分講究，且是不吃「皮」的，他們會小心翼翼地用刀叉，優雅地挑起碟中那塊魚排的那層黃澄澄酥炸外皮，因為嫌它太過油膩，對健康無益，只吃內裡的雪白魚肉。但對於喜歡吃酥炸和香口食物的朋友，例如中國人，其實那層皮才是「精華所在」。

至於草根階層，當然不會用刀叉來吃炸魚薯條，更遑論以刀叉挑起魚皮，通常是乾脆用手直接拿來吃。他們尤其喜歡外賣，而早年，外賣更只是用舊報紙摺成紙筒來裝，於是在路上邊走邊吃，便成了早年一道英倫街頭的獨特風景。

第四篇

留名歷史的
宴席與峰會

台灣國宴、馬習宴、中國國宴、烤鴨外交、
尼克森訪華國宴、柴契爾訪華、
香港政府宴會

第二十八章

五張國宴菜單反映台灣政治轉型軌跡

二〇一六年三月，位於圓山飯店之內的「圓山文物館」開幕，館中展示了很多與飯店崢嶸歲月有關的文物，包括不同總統時代的國宴菜單。我對國宴菜單特別感興趣，因此特地為此從香港到台北一趟，結果大增見識，不枉此行，尤其是文物館的管理員人很好，竟然答允我的不情之請，把那些國宴菜單從玻璃展示櫃中逐張拿出來，一一供我拍照，讓我可以與讀者分享，在這裡特別鳴謝。

這些國宴菜單由外貌、設計到菜式，有著明顯差異，反映不同時代背景，以及不同總統的不同品味和喜好。

蔣介石年代，國宴菜單十分講究，大如公文卷宗一般，用上黃色是要彰顯國體的威嚴，封面是梅花圖案刺繡，並印有國徽（見圖①），純手工製作，內裡的字體是篆書，雖說是古色古香，但若然眼力、文化修養差一些，恐怕都會讀得很辛苦。但這卻反映當時政體上的風格，講求歷史傳承，處處流露傳統權威的表徵。

這個時期，國宴菜式有中西兩式，中式並未見台灣道地風味，反而以淮揚菜為主，這當然與蔣的籍貫和背景有關，且因為經歷戰亂，潛意識上可能擔心賓客吃不飽，餐點多半會有包子、饅頭、麵、飯等，著重能夠飽食。以圖中這一份來看，菜單共有十一道菜，包括：梅花拼盆、竹笙清湯、牛肉包子、原盅排翅、脆皮嫩雞、荷葉花捲、雞油菜心、揚州炒飯、八寶酥餅、桂花銀白、各色鮮果。一餐飯便有牛肉包子、荷葉花捲、揚州炒飯三道主食（見圖②）。

接著是蔣經國時期，菜單除了面積縮小了、字體改用楷書之外，國宴菜單樣式變化不大。

蔣經國並不太喜歡應酬，因此很少舉行國宴，並多由副總統代

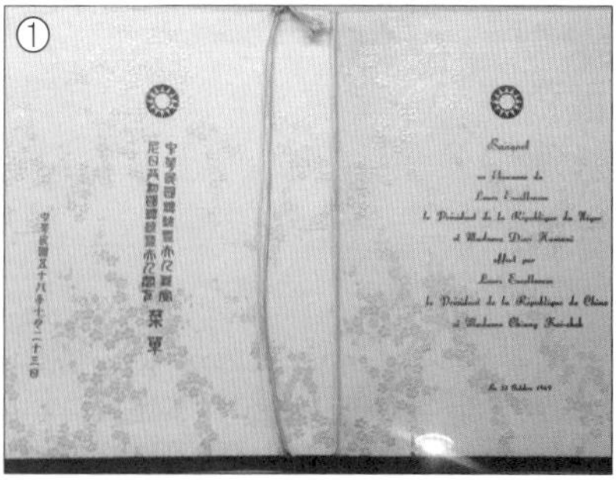

① 蔣介石時代國宴菜單封面

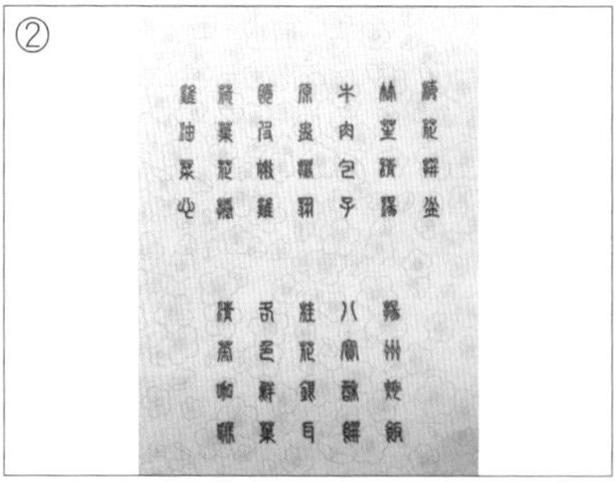

② 蔣介石時代國宴菜式

為主持，而且國宴崇尚儉樸，流行五菜一湯的「梅花餐」，奉行簡約，且清淡不油膩。

總的來說，在蔣氏父子時期，國宴菜式基本上展現的都是傳統中國飲食文化，而台灣民間的本土飲食文化，仍未能登上大雅之堂。

到了李登輝年代，國宴菜單繼續保留封面印有國徽以及梅花圖案，但卻由緞布改為銅版紙，由刺繡改為壓紋（見圖③），視覺效果上更加金璧輝煌。

這個時期台灣經濟已然起飛，財政寬裕，國宴花得起錢，李登輝一改之前蔣經國的作風和特色，不單國宴次數很多，而且重視排場，國宴菜式豐盛程度，達到頂峰，每次大多會有魚翅、鮑魚、龍蝦三道名貴菜式壓場，且是二兩以上的排翅、鴨蛋大的麻鮑以及半隻龍蝦，而菜式往往多達十道，圖④的菜單便是一典型例子，菜式包括：龍蝦沙拉、高湯大排翅、水晶包、花捲、黃燜鮮麻鮑、翡翠玉帶子、冬筍嫩豆苗、黑胡椒牛排、玫瑰石斑塊、美點雙輝、寶島

③ 李登輝時代國宴菜單封面

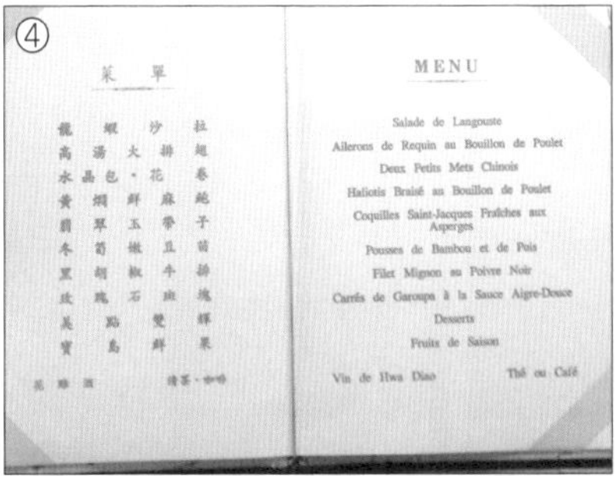
菜單
龍蝦沙拉
高湯大排翅
水晶包・花卷
黃燜鮮麻鮑
翡翠玉帶子
冬筍嫩豆苗
黑胡椒牛排
玫瑰石斑塊
美點雙輝
寶島鮮果
花雕酒
清茶・咖啡

MENU
Salade de Langouste
Ailerons de Requin au Bouillon de Poulet
Deux Petits Mets Chinois
Haliotis Braisé au Bouillon de Poulet
Coquilles Saint-Jacques Fraîches aux Asperges
Pousses de Bambou et de Pois
Filet Mignon au Poivre Noir
Carrés de Garoupa à la Sauce Aigre-Douce
Desserts
Fruits de Saison
Vin de Hwa Diao
Thé ou Café

④ 李登輝時代國宴菜式

鮮果。魚翅、鮑魚、龍蝦三者都有。風味以粵菜和海味為主。難怪都說「李登輝不但懂得吃，也很能吃」。

從中可見，直到李登輝年代，現今講究的所謂「在地」，仍未是台灣國宴的特色，且李登輝的國宴尤其鋪張豐盛，這與後來陳水扁、馬英九、蔡英文這三位總統講求的簡約檢樸，更成了強烈對比。這也難怪，當時台灣仍未實行民主政治，媒體仍未解禁，不會有太多挑剔政府的評論，官員不會像今天般講求「政治正確」，怕落人話柄。

到了陳水扁帶領民進黨首次上台執政，為求展現新朝代新作風，阿扁特地請來藝術家設計總統就職當天的國宴菜單，務求讓人耳目一新，最後做出了金碧輝煌、以骨瓷碟為封面、層層疊疊的設計（見圖⑤）。

因為民主化的關係，阿扁不再著重名貴菜式，魚翅和鮑魚更因為保育原因，不再納入，龍蝦成了最高級的菜式。阿扁更是首位推動台灣小吃登上國宴桌的總統，國宴由傳統中國風味，變成以本

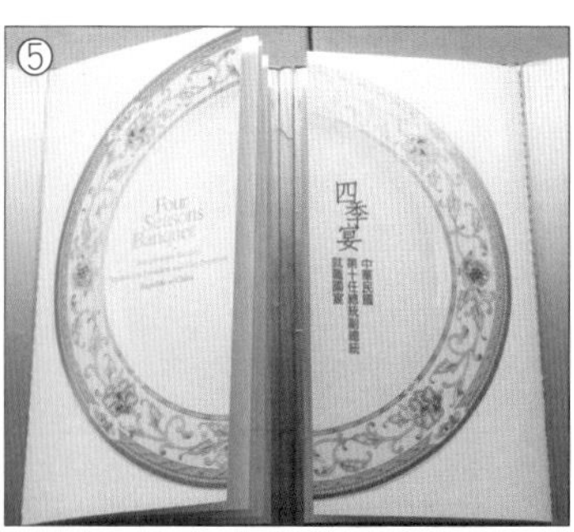

⑤ 陳水扁就職國宴菜單封面

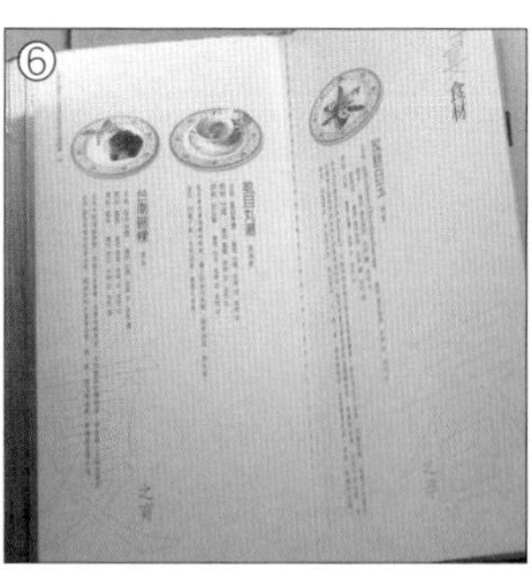
⑥ 陳水扁就職國宴菜單菜式

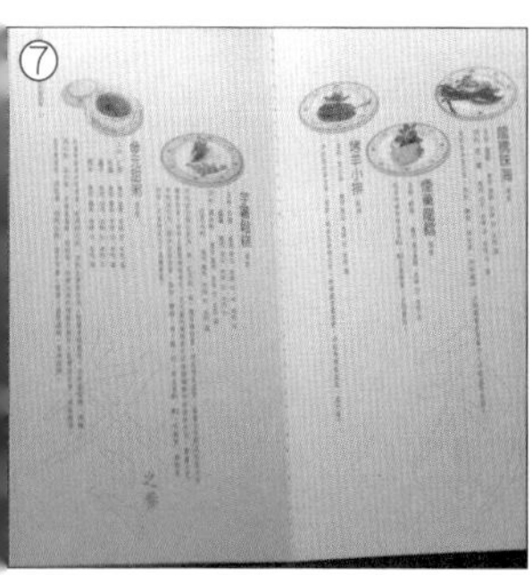
⑦ 陳水扁就職國宴菜單菜式

土地方風味和特色為主。這個時期的國宴政治意涵濃厚，強調平民化、本土化和族群意識，反映了阿扁的選票和支持基礎。

以二〇〇〇年首任就職總統國宴為例，其菜單特色定名為「四季宴」（見圖⑥、⑦），第一是「春之孕」因此菜式是玫鮭白玉，鮭魚和鮭魚卵，主要代表生生不息、傳宗接代。第二是「夏之育」，用的是虱目魚丸湯及台南碗粿，代表總統平民化及本土化的風格。第三是「秋之美」，以龍蝦、龍鱈、烤羊小排為主。第四道菜是「冬之養」，以芋薯鬆糕代表族群融合。

到了馬英九年代，國宴菜單變得十分平民化，只用一般紙張，普通印刷，封面就改以國旗代替國徽，並印上總統府作為背景，設計簡約，沒有前述阿扁的花俏（見圖⑧）。

圖⑨是二〇一二年馬英九連任成功，就職晚宴的菜單。因為當時台灣經濟低迷，民生困苦，所以就職宴也沒有鋪張，反以簡約、檢樸為大原則。與四年前比，每人預算更從一千八百元調低至一千六百元，菜式也從九道減為八道，分別為：

⑧ 馬英九就職國宴菜單封面

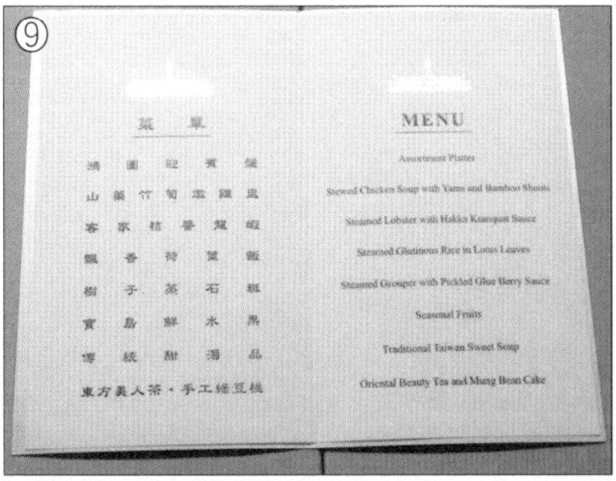

⑨ 馬英九就職國宴菜式

二〇一二年馬英九總統就職晚宴菜單

一、鴻圖迎賓盤：當中有雲林縣口湖鄉的烏魚子，且一改以往搭配大蒜的方式，改用蘋果片，讓口感更加清爽，另外還有宜蘭三星鄉櫻桃鴨、嘉義縣鹿草鄉黃地瓜，及屏東縣東港鎮櫻花蝦。

二、山藥竹筍燉雞盅：則用雞腿肉，去皮去骨，加上南投縣埔里鎮的紫山藥及新北市三峽區竹筍燉煮。

三、客家桔醬龍蝦：採用東北角沿海的龍蝦，佐以新竹北埔鄉傳統客家風味的金桔醬，有別於一般龍蝦的焗烤，是較創新的作法。

四、飄香荷葉飯：主要以彰化縣竹塘鄉長糯米加上南投縣埔里鎮的茭白筍。

五、樹子蒸石斑：用的是屏東縣林邊鄉的龍膽石斑，搭配嘉義梅山鄉的樹子提鮮。

六、水果盤：搜羅來自台灣各產地的鳳梨、蓮霧、哈密瓜、珍珠芭樂及西瓜。

七、傳統甜湯：以九份紫黃相間的芋薯圓、仙草，製成傳統甜湯品。

八、東方美人茶及手工綠豆椪：東方美人茶是新竹縣最著名的，而綠豆椪是以無水奶油製成酥皮，不用豬油，清爽而不油膩。

這八道菜看似平平無奇，但其實卻有一番政治上的苦心。那就是所謂「在地」，儘量採用台灣當地的特色食材入饌，把地方特色發揚光大。

環保是如今的世界性政治潮流，馬英九就像很多西方政治領袖一樣，都在自己的政綱中主張環保，並一貫鼓吹「簡單」、「節能」的風格，應用在飲食上，就是所謂「在地」的要求，那就是儘量採用當地的食材，以減少食材運輸的距離，亦即是所謂「食物里程」（Food Mileage），好能夠節能減碳。

這是今天綠色政治的一個普遍要求，所以，一個高明的政治家，如今不會在自己官方宴會的菜單上，標榜甚麼波士頓龍蝦、日本松阪或神戶和牛、阿拉斯加長腳蟹、夏威夷水果等等，炫耀佳餚食材張羅自天涯海角，世界每一個角落，以為「外國的月亮特別圓」，這樣才夠隆重和體面，其實反而會適得其反，被批評為「政治不正確」，尤其是「環保不正確」，反而拿地方特產出來待客，才更得體和符合環保。今天越是奢華，愈是勞師動眾，愈易招人詬病。

況且，全部使用「在地」農漁產的另一個好處，便是能以實際行動支持當地農業和漁業，為農民和漁民打打氣，當他們知道自己種植和捕獲的東西，能夠上到國宴這樣的最高殿堂，自己當然與有榮焉，臉上也有一份光采。此外，這樣也可以為各縣市的旅遊業，達到宣傳效果。

就像馬英九這樣，雲林、宜蘭、屏東、新竹、南投、彰化、九份等的美食，幾乎一網打盡，才叫皆大歡喜，人人臉上沾光。

另外，考慮到各國外賓的宗教信仰，料理全都不以豬肉、豬油或其製品入饌，牛肉也一樣。

除了政治考慮之外，國宴亦滲入了馬英九個人的口味偏好，這位總統愛吃甜食，亦偏愛吃飯，指定國宴絕不能沒有飯，這次就職國宴便有飄香荷葉飯，甜食則有芋薯圓仙草甜湯以及綠豆椪。

順帶一提，其實這種國宴風格，早在馬的首次就職總統國宴，已經呈現，當時有九道菜，分別是：一、美樂小品盅；二、三元及第盅，採用澎湖土魠魚等海鮮；三、香芋藏珍蝦，選用高雄縣著名的甲仙芋頭和海鮮；四、田園烤香雞，以台灣旅美職業棒球手王建民故鄉，台南的放山雞當主角；五、鮮筍百合果；六、香米點櫻紅，以東港櫻花蝦入菜；七、樹子海上鮮，為南台灣養殖的石斑魚；八、寶島鮮水果；九、芒果甜品旺來酥。

到了蔡英文的就職國宴，舉行地點已非「老牌」的圓山飯店，而改為台北萬豪酒店，所以圓山文物館也沒有收藏有關的菜單了，實在可惜，圖⑩是從網路上找到有關照片。菜單比起馬英九的印刷更為簡單，幾乎只是白紙一張，沒有設計可言，最大特色反而是印上每道菜其食材的產地。

那麼這次國宴又吃些甚麼？與馬英九的相比又如何呢？

二〇一六年小英的就職國宴，若不算前菜三味：雲林刺蔥帝豆、梅汁大甲芋頭、醋漬木耳蓮藕，共有八道菜式，分別是：

二〇一六年蔡英文總統就職國宴菜單

一、福爾摩沙之春（迎賓盤）

二、蔥蒜蒸龍蝦
三、爐烤快樂豬
四、百合有機綠時蔬
五、樹子蒸龍膽
六、客家炒粄條
七、錦繡菊花雞湯
八、花園寶島繽紛盤（水果及甜拼盤）

餐後飲品，則有東方美人茶及有機咖啡。

讀者不難發現，其實這兩份國宴菜單相比，結構十分相似，兩者都有一個前菜，湯都是雞湯，主菜都有一道龍蝦及一道蒸魚，但蔡英文這次則多了一道烤豬、一道蔬菜，兩者都有一道主食，馬英九是荷葉飯，蔡英文是炒粄條，至於水果和甜點，馬英九那次算作三道菜，而蔡英文這次則合併為一道。因此，算起來，蔡的國宴菜單可謂較馬英九的要豐盛，多了一道烤豬和一道蔬菜可吃。

除此之外，兩者一個重要共通點，就是國宴桌上的食材，都沒有崇尚外國貨，全都是台灣「在地」、「時令」好食材。這次蔡英文就職國宴的食材，來自雲林、台中、嘉義、新北、台南、高雄、苗栗、宜蘭、澎湖、南投、花蓮、屏東、桃園、彰化，幾乎個個縣市都有份，皆大歡喜。且正如前述，為了鄭重其事，更把八道國宴菜式以至前菜的食材其原產地，以至生產商，全都印在菜單上，還有在總統府的網頁上一一介紹，讓生產者人人沾光。

這次國宴的一大特色，就是用上了大量當地種植的蔬果，我相信小英也是想藉此展現她的鄉土情懷，以及對這塊土地的感情，也向世人展示台灣人一向引以為傲的農業之多姿多采。首先前菜就有雲林的刺蔥、台中的芋頭、嘉義的木耳；之後第一道菜迎賓盤則有新竹的綠竹筍、高雄的水蜜桃；第四道菜的時蔬有雲林的紫玉米、嘉義的甜玉米、花蓮的百合；最後一道集水果及甜點於一身的繽紛盤，更是琳瑯滿目，水果有高雄的珍珠芭樂、花蓮的寶華西瓜、台南的金鑽鳳梨，甜點則有各種由農作物加工而成的糕點，包括新北的桐花綠豆糕、花蓮的花生牛軋糖、新竹的黑糖糕、台南的一口鳳梨酥、南投的烏龍茶製馬卡龍、彰化的黑芝麻巧克力、台中的木瓜牛奶冰淇淋。

但值得一提的是，二○一二年，考慮到各國外賓的宗教信仰，那場國宴料理全不以豬肉、豬油或其製品入饌，牛肉也是一樣，但這次豬肉卻重新登上國宴桌，加了一道烤豬菜式。

由蔣介石到蔡英文，菜單設計由金璧輝煌變到白紙一張；筵席由鋪張變得簡樸；菜式由中國傳統變為台灣在地，過去半世紀台灣國宴的變化，反映了一個年代的政治變遷，讓大家看到從威權政權解體，步向民主政治的軌跡。

⑩ 蔡英文就職國宴菜單

第二十九章

馬習宴席上的唇槍舌劍

筆者愛寫國宴和政治飯局，探討餐桌上所傳遞的政治信息和學問，但以往多是從菜單入手，因為菜單透明度較高，坊間較易知悉。但其實，酒酣耳熱間，政治領袖有心無意的片言隻語，往往流露更多的政治玄機，只可惜透明度較低，外人大都無從得知。

台灣前總統馬英九的《八年執政回憶錄》，書中不單有一章講述了二〇一五年兩岸領導人的世紀會面「馬習會」，之後更另闢一章，專門講述峰會結束後雙方坐下吃飯，亦即所謂「馬習宴」的詳情，當中紀述了餐桌上兩人的一番對話，當中機鋒處處，這裡且與讀者分享。

那一餐飯，馬談得較多，相反，習則較沉默，聽多說少。要談得投契，不至讓對方感到索然無味，更要避免觸及對方敏感處，選擇話題很重要，是一門學問。正經事和官話，白天的「馬習會」才剛剛談過，那麼晚上還可以再談些甚麼呢？結果，馬英九談了抗戰史。其實，這也是他聰明之處，當年國共第二次合作就是抗日，要聊得好，這會是一個很好的共同基礎（當然，要和諧融洽就千萬不要去觸及抗戰功勞該屬國共哪方這個敏感話題了）。

果然，習反應良好，講到抗戰時的名將和戰役，他都能夠接話，且琅琅上口。馬更提到該年是抗戰勝利七十週年，他特別發了抗日紀念章給仍然在世的老兵，有老兵慨嘆很多同袍已經不在了，該早二十年發，馬形容習「頻頻點頭」。

飯局尾聲，馬說過往辜振甫及汪道涵代表海峽兩岸會面，總會唸些詩詞，如魯迅的「渡盡劫波兄弟在，相逢一笑泯恩仇」，這次席間既然談到抗戰，又提到當年蘇聯派空軍志願隊來華支援抗戰之事，且因為蘇與日訂有互不侵犯條約，來華官兵都是用化名，當中更有兩百多名飛行員戰死在中國，說起他們客死異鄉，馬於是想起了唐代詩人陳陶的名詩《隴西行》：「誓掃匈奴不顧身，五千貂錦喪胡塵；不憐無定河邊骨，猶是春閨夢裡人。」

吟到後兩句時，席上的栗戰書也跟著吟，馬聽了笑說：「您也熟。」栗說自己是河北人，從小知道這首詩。

除了表面之外，馬用上這首詩其實大有深意。一是無定河就在習的故鄉陝西，二是習一向喜歡吟唐詩。因此，可以說馬是投習所好。

從中可見，在這類政治飯局，選首詩來吟，當中也大有學問，機關算盡。

有趣的是，席間除了雙方融洽盡歡之外，馬亦不是完全沒有趁機占些口舌便宜。

大家都知道，大陸一向不接受「兩個中國」，堅決拒絕承認台灣為獨立主權政治實體，因此亦一直避免把台灣領導人稱之為總統。但在這場晚宴中，馬卻把握這難得機會，面對面不斷向習說：「我們國父孫中山先生」、「我當中華民國總統以來」，甚至還提及「李登輝總統」、「陳水扁總統」。

對此，習不單「不以為意」（馬的用語），還在馬提到二戰期間，美軍大舉轟炸台灣，總統府也被炸這個話題時，打岔問了一句：「你們的總統府，就是以前日本時期的總統府嗎？」馬表面上不動聲色，點頭稱是，但心裡卻暗喜：「對岸最高領導人當著我方最高領導人，稱呼我們的『總統府』，真是破天荒頭一遭。」台方代表團成員還為此互望了一眼。

事實上，書中這一章的標題也定為「那一夜，習先生開口稱了『總統府』」，從中可見，馬有多喜不自勝，對此，習似乎棋差一著。

另外，馬亦說了一個他常說的笑話，話說一九九四年他任法務部長時，在行政院歡迎俄羅斯代表團的晚宴上，與客人拼白酒（高粱拼伏特加），馬說：「我方端出高粱，腦子裡想著百年來黑龍江以北、烏蘇里江以東被蘇聯強占的中國領土，結果俄軍統統被擊倒，我也英勇殉國！」笑話說出後，馬形容「眾人皆大笑」。

其實，白天的會議上，習才說過：「老祖宗留下的，誰丟掉誰就是賣國賊。」剛巧馬這個笑話提到的就是俄方強占中國領土，中國丟失領土，馬是否暗有所指，拿住習的話柄，那就不得而知了。

儘管席間，習說話不多，但他也有言出如鋒、含蓄出擊的一刻，他主動提起這件事：

之前德國總理梅克爾曾訪華，吃飯時，雙方也有過一次交鋒。當時梅克爾問：「為甚麼你們中國人跟我們德國人不一樣？我們德國人，很多幾百年前的東西，說丟掉就丟掉，你們卻這麼在乎？」她言下之意，指的該是引起中日糾紛的釣魚台。習回應說：「我們中國人跟你們德國人不一樣，老祖宗留下來的東西，誰丟掉，誰就是賣國賊！」

這番話明顯語帶相關，表面在說釣魚台，但當然也在間接說台灣，這是否對馬剛才所講的笑話有反擊之意，也是天曉得了。

民主政體的領袖，因為選舉，所以要討喜，要面面俱到，因此很多人都可以談笑風生。正如前述，在馬習宴上，馬英九便說了前述當年與俄羅斯客人拼酒的笑話，其實，馬真的十分喜歡講笑話，「珍藏」的又豈止這一個。

以往，馬常常被問到長得那麼英俊，有沒有想過當明星？他就會報以一個招牌笑話：

當他在紐約大學唸書時，每天早上都會到大學附近的華盛頓廣場公園跑步。那裡甚麼樣的怪人都有，拍電影的、唱歌的、耍雜耍的，甚麼都有。有天，剛好有人拍電影，當他跑步經過的時候，有人走過來問他可不可以幫個忙，他們的電影裡缺一個角色，請他來演好不好？馬聽了之後好興奮，心想星夢可圓。於是他趕快問要他演甚麼角色？他們說看他跑得不錯，剛巧要找人演一個被追的人。他一聽，心想恐怕這角色一定是個賊，於是最後就不敢嘗試了。所以就是如此這般的跟電影界無緣了。

另一個招牌笑話，就是當他被問到長得那麼帥，那麼受女性歡迎，是否有「飛來豔福」時，他又會報以另一個笑話：

很多年前，他到匈牙利的布達佩斯開會，晚上跟對方的官員吃完飯，因為住的旅館隔得很近，所以他們幾個就走路回去。就在多瑙河畔，一群流鶯圍上來，向他們拉生意，用英文問：「Do you need company tonight?」他們覺得好奇，同伴中有人問價錢：「How much would you charge?」結果當然只是問了就走。剛剛才分手，暗暗的對面街，突然間有一個人揮手說：「那個不是馬英九嗎！」他抹了一把汗，說：「好險啊！」

這些笑話都挺好笑，且不會有失身分。

說回馬習宴，聽到馬講笑話，為了禮尚往來，之後習也講了一個笑話，並且也是以蘇聯人愛喝酒作為話題。

他說，有次蘇聯軍人喝醉，剛巧車子爆胎走不動，這些蘇聯軍人居然把飛機的輪子拆了裝上車。

這個笑話好不好笑，相信讀者心裡有數，馬在《回憶錄》中也只是如此形容：「大概很難得聽到習近平講笑話，在座雙方與會成員都頗為興味盎然。」其實這個評價算是十分含蓄；相反的，馬自己講完那個「英勇殉國」的笑話時，他在書中是如此形容的：「眾人皆大笑。」

我相信講笑話不是中共領導人的強項，相反的，他們要的是威嚴，要的是別人敬畏，甚至是懼怕。

事實上，馬亦提到，席間觀察到習是一個很權威的領導人，他解釋，隨行官員之一，時任總統府祕書長曾永權是十分資深的國民黨元老，之前曾經隨同連戰、吳伯雄等領導人訪問大陸多次，曾記得胡錦濤設宴時，席間大陸代表如王滬寧等，與台方代表對飲厮殺，舉手投足間頗有氣概，但這次習在座，陸方代表個個椅子只坐三分，更無人敢主動舉杯。這一次，要馬開口，叫曾永權率先「敬一下」，才活潑了氣氛。

習近平最想要的，不一定是愛戴，更有可能是敬畏。

第三十章

馬習宴席上的酒裡文章

上一章，提到馬習宴上雙方的唇槍舌劍，其實很多說話箇中都「饒有深意」，但隱含政治訊息的，又豈止說話，甚至還包括席上的飲食，這一章再談談馬習宴上的酒菜。

馬習會是兩岸領導人的歷史性會晤，這是繼一九九三及一九九八年的「辜汪會談」之後，更重大的兩岸關係突破。一九九三年，兩岸分別派出辜振甫和汪道涵，以「海峽交流基金會」和「海峽兩岸關係協會」兩個半官方機構的名義，在新加坡會面。這是一九四九年之後，海峽兩岸的首度官方會晤，是兩岸隔絕近半世紀之後的「破冰之旅」，意義非凡。

在這場舉世矚目的盛會中，究竟當時他們宴請時吃的又是甚麼，會否以山珍海錯等名貴菜式來彰顯雙方的隆重其事？

讓我們先看看四月二十七日大陸汪道涵這邊宴請的菜單，菜式共有九道，象徵長長久久，而且每道菜的菜名都意義深長，分別是：

情同手足（乳豬與膳片）、龍族一脈（乳酪龍蝦）、琵琶琴瑟（琵琶雪蛤膏）、喜慶團圓（董宮鮑翅）、三元及第（海鮮魚圓湯）、兄弟之誼（木瓜素菜）、燕語華堂（荷葉飯）、萬壽無疆（宮燕燉雙皮奶）、前程似錦（水果拼盤）

提到這份菜單，當年還有一則趣事。話說席間，有人提議大家在菜單上相互簽名留念，馬上得到其他人附和。酒店老闆即時將二十五份菜單奉上，席上二十四人分別在二十五份菜單上各自簽上了自己的名字，除了各人自行保存一份外，另一份便贈給了酒店老闆。海基會副董事長邱進益更打趣說：「今晚我們草簽了第一份文件。」

到了翌日，再由台灣辜振甫那邊作東，回請對方，菜式一樣是九道，分別是：

龍蝦蜜瓜盅、高湯海虎翅、香宮富貴雞、清蒸活紅斑、翡翠黃金耳、北京片皮鴨、瑤柱金菰麵、合時鮮果盆、美點雙輝

從中可見，大陸這邊的菜式包括乳豬、龍蝦、魚翅、雪蛤膏、燕窩等，可謂相當名貴，而台灣那邊的菜式也包括北京片皮鴨、魚翅、龍蝦、海斑等，亦不遑多讓。相信這與當年沒有今天般講求政治正確，不用提防被輿論挑釁奢華有關。更何況，這屬兩岸半世紀後首次碰面，雙方都不想寒酸示人，以免給對方比了下去，因此都擺出名貴菜式，亦彰顯彼此對會議的重視。

二十二年後，馬英九和習近平這兩位比當年辜振甫和汪道涵更高層的兩岸領導人會面，層次更高，宴會又會拿出甚麼菜式呢？

答案揭曉，這次也是九道菜，包括中國各地口味，分別如下：

金箔片皮豬、風味醬鮑片脆瓜、湘式青蒜爆龍蝦、竹葉東星斑XO糯

米飯、杭式東坡肉、百合炒蘆筍、四川擔擔麵、桂花糖雪蛤湯圓、水果拼盤

雖然比不上「汪辜會談」當年的豐盛，但菜式中也包括了乳豬、龍蝦、海斑等名貴菜式，只是沒有了魚翅。值得一提的是，當中一道菜式是湘式青蒜爆龍蝦，據說是因為馬英九祖藉湖南的巧思，馬在席上開玩笑問習近平：「湖南只有洞庭湖，產龍蝦嗎？」習此時也笑了。

但原來這次席上最有政治含義的，卻非菜式，而是酒，馬在《回憶錄》中有所披露。

這次「馬習宴」，大陸一方帶來的酒，十分正路，是「國酒」茅台。至於台灣一方，則由國安會祕書長高華柱拿出他的「壓箱寶」（馬英九用語），那就是一九九〇年九月金門酒廠生產的特級金門高粱，這酒有何特別？玄機就是，當年在同一個月，兩岸紅十字會獲兩岸政府授權簽訂《金門協議》，這也是兩岸第一個協議，也象徵兩岸建立關係的開始。因此，台方拿出此酒，可說是十分得體，心思比大陸要勝一籌。

高華柱說當年在金門擔任師長，買了同月生產的高粱酒作紀念，原本只是私人珍藏，沒想到可以在兩岸領導人見面的場合派上用場。

馬形容習是一個很細膩的人，當台方代表高華柱介紹到《金門協議》時，習原本喝的是茅台，但高一說完，習就開始改斟金門高粱，沒有再碰茅台。馬形容：「這是一種細膩的動作，卻有高超的政治手腕，但習近平從頭到尾神色不變。」

除了兩瓶金門高粱之外，台方亦帶來八罈馬祖老酒，後者亦頗有來頭。話說馬英九當年出任台北市長期間，曾往馬祖地區探訪，當地連江縣長劉立群把握機會，邀請馬英九作為馬祖老酒代言人，更「打蛇隨棍上」地說，馬祖老酒簡稱作「馬酒」，也就是「馬英九的酒」的意思。馬英九也真的答應了，後來當了總統，更成了總統府從國宴到各大小宴會的指定用酒，遂使得這種本來滯銷的馬祖老酒，沾上馬英九名氣後，知名度急升。馬在宴客時往往打趣說：「馬祖老酒簡稱『馬酒』，是我們家的酒，要幫它做代言。」據說，十多年來，一共消費了至少一千五百罈（每罈一公斤）。

從中可見，台灣一方所帶來的酒，原來大有文章。

席上用上了「馬酒」，也使得這次宴會，馬英九作為主人家的色彩添了一點。

還好的是，這次菜單明顯加入了湘菜、杭菜、川菜、粵菜等中國大陸各地口味，台式口味卻不見，這也讓大陸一方扳回一城吧！

大家可能關心，究竟習的酒量又如何？馬有直接問過習，習笑說自己酒量不好。習說年輕時比較可以喝，但後來是沒得喝（文革時期），甚至再後來，連吃都沒得吃了。有一次弄到一點西鳳酒可以喝，卻喝醉了，就這樣睡在雪地上，「幸好那時年輕，才十六歲，身強力壯，沒有凍死。」

習又透露，當年周恩來喝茅台，酒量是一斤，習父親習仲勛曾當過周的副手，因此每當周喝了一斤，「通常父親就要上陣。」習還感性地說：「我小時候常常看他半夜踉蹌著回來，那時我還問他，怎麼老這樣？直到長大了些，我才懂得這是父親的工作。」

第三十一章

中國國宴前世今生：從「開國第一宴」到「三菜一湯」

二〇一七年末，美國總統川普展開了他上任後首趟訪問亞洲之行，出訪了日本、韓國、中國、越南、菲律賓五國，對於這位性格乖戾的白宮新主，五國東道主也不敢怠慢，都隆重其事，以國宴招待這位貴客。

當時兩國貿易戰仍未爆發，習近平明顯想討好這位貴客，所以接待規格之高，屬以往罕見。當時中國駐美大使崔天凱更表示，中方是以「國事訪問+」的規格來接待川普。於是，除了檢閱儀仗隊、正式會談、舉辦國宴等指定動作之外，還有一些特殊安排。白天參觀故宮，這是一向被中方視為「壓倉」的項目，而晚上更在故宮設宴款待，這是一個獨一無二的尊貴安排，自一九四九年中共立國以來，這是唯一一次中國領導人邀請外國元首在故宮晚宴。有人更索性把這一套比喻為「皇帝級」的款待。

這次接待規格明顯超越二〇〇九年另一位美國總統歐巴馬訪華，想到川普一向視歐巴馬為死敵，相信中方這次的作法，大有可能是要借此恭維及討好川普。

如果這次中方接待規格如此高，那麼在這場中國國宴中又以甚麼尊貴菜式來款待川普呢？

小米集團創辦人雷軍是獲邀前赴國宴的嘉賓之一，他在席間拍下這次國宴菜單（見圖①、②），並上傳至自己微博，我們可以看到菜單如下：

冷盤、椰香雞豆花、奶汁焗海鮮、宮保雞丁、番茄牛肉、上湯鮮蔬、水煮東星斑、點心、水果冰淇淋、咖啡或茶

從雷軍上傳的相片可見，當中該是菜單中的冷盤，盤中有兩隻煮熟且剝好的蝦、水煮蛋、燻鮭魚以及其他三種捲曲狀的水果。

不計冷盤、點心、甜點，這次國宴有五菜一湯，且菜式非常普通，不少人看後大表失望。當然，國宴不是滿漢全席，不會三天六宴，三百多款菜式，但比起大家平常去的結婚囍宴，動輒有十多道菜式，這次國宴菜式實在簡約和普通。

中國人不是說「有朋自遠方來，不亦樂乎」嗎？這樣的菜式陣容是否有點「寒酸」呢？答案是另有原因的，當然不是為了預見到中美會爆發貿易

戰，要藉此冷落對方，要給對方臉色好看，而是國家領導要帶頭節約，避免帶起奢靡浪費之風。所以，四菜一湯，甚至是三菜一湯是如今中國國宴的常規，招待川普用上五菜一湯，已經算得上格外豐盛了。

我們再看看過往的例子（為了簡潔，以下菜單中，冷盤、點心、水果、甜點、咖啡或茶都從略）：

二〇〇九年十一月，美國總統歐巴馬訪華，中國國家主席胡錦濤以國宴招待，比起這次宴請川普更加簡約，只有三菜一湯：

翠汁雞豆花湯、中式牛排、清炒茭白蘆筍、烤紅星石斑魚

二〇〇二年小布希訪華，規格也是一樣，菜式包括：

北京烤鴨、清蒸魚、紅燒獅子頭、小籠包

二〇〇一年，上海召開亞太經合組織會議（APEC），當時款待各國元

首、貴賓的國宴，也是三菜一湯，包括：

雞汁松茸、青檸明蝦、中式牛排、荷花時蔬

二〇〇八年，奧運在北京舉行，而這場世紀盛事，當時款待各國元首、貴賓的國宴，也是三菜一湯，包括：

荷香牛排、鳥巢鮮蔬、醬汁鱈魚、瓜盅松茸湯

我有一位讀者獲邀出席中國國慶六十五週年典禮國慶招待會及晚宴，他為人細心，特別把當晚的中國國慶招待會場刊及菜單留下並送給我（見附圖③、④、⑤、⑥）。當中可見，不計冷盤和點心水果，當晚也是三菜一湯，菜式包括：

全家福、豆瓣牛腩、田園時蔬、檸香鮭魚

庆祝中华人民共和国
成立65周年招待会
③

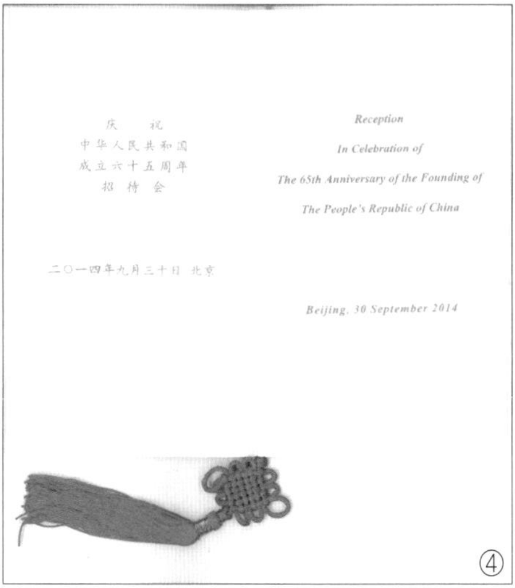
庆　祝
中华人民共和国
成立六十五周年
招　待　会
二〇一四年九月三十日 北京
Reception
In Celebration of
The 65th Anniversary of the Founding of
The People's Republic of China
Beijing, 30 September 2014
④

菜 单
冷盘
全家福
豆酱牛腩
田园时蔬
柠香三文鱼
核桃酪
点心
水果
MENU
Hors d'Oeuvres
Assorted Delicacies
Beef Brisket in Soy Bean Paste
Seasonal Vegetables
Lemon-Flavored Salmon
Walnut Cream
Pastries
Fruits
⑤

曲 目 单
1、喜洋洋
2、天路
3、采茶舞曲
4、可爱的一朵玫瑰花
5、激情燃烧的岁月
6、今天是你的生日，中国
7、草原夜色美
8、青春梦
9、同一首歌
10、祝你快乐
指挥：张治荣
演奏：中国人民解放军军乐团
MUSIC PROGRAMME
1. Joyful Atmosphere
2. Sky Road
3. Tea-picking Dance
4. A lovely Rose
5. The Years of Burning Passions
6. Today Is Your Birthday, China
7. Beautiful Night on the Prairie
8. Youth Dream
9. The Same Song
10. Wish You Happiness
Conductor: Zhang Zhirong
Performed by the Military Band of the
Chinese People's Liberation Army
⑥

到了二〇一九年中國國慶七十週年，招待會晚宴的菜式如下：

冷盤、吉慶全家福、豆瓣燒牛腩、田園時令蔬、香烤比目魚、點心、水果

有趣的是，六十五週年和七十週年的中國國慶招待會，晚宴菜式竟然幾乎一模一樣，唯一不同的是，魚由上次的檸香鮭魚改成了香烤比目魚而已。當晚奉客的是葡萄酒，分別是二〇〇九年長城干紅，以及二〇一二年長城干白。

曾在二〇〇三到二〇〇七年任中國外交部長的李肇星，在二〇〇九年三月四日《星島日報》的一篇訪問中提到，近年國宴進行了改革，菜單由四菜一湯變成三菜一湯。這裡的三菜一湯，是指三個熱菜加一個湯，冷盤另計，就如點心、甜品和水果等不計一樣，這大概是在江澤民年代後期開始的。

但到了習近平年代，國宴似乎不時又回復了四菜一湯，以至出現川普這

次五菜一湯，甚至是杭州G20峰會七菜一湯都有！從中可見，大權在握後，習也不見得在飲食上真的很崇尚簡約儉樸。

其實，國宴簡約，也與國際接軌，世界上很多國家，如美、德、法、日等，國宴也是三菜或四菜一湯。

問題是中國的國情，最高領導因為要向輿論交待，因此凡事做得謹小慎微，例如國宴便是如此。反而基層官僚，官位雖低，但因為山高皇帝遠，做起事來卻特別乖戾張狂，一餐說是「便飯」，隨時便有十多、二十道菜，而且還往往有一個不成文規矩，就是飯菜須吃剩三分之一，才算有派頭，而吃的菜式，則是「甚麼稀罕吃甚麼，甚麼值錢吃甚麼」，與前述的精神背道而馳。

中國的飲食文化多姿多采，有所謂八大菜系，那麼國宴又是以那一種地方風味為主的？

答案是：淮揚菜。

淮揚菜的特色是強調本味，選料注重鮮活，調味清淡，重視調湯，口味清鮮平和，鹹甜濃淡適中，因此，淮揚菜南北皆宜，而這正是國宴需作的重要考慮，為此拍板者，正是以心細如塵見稱的周恩來。

話說一九四九年，周總理要籌備開國大典，準備「開國第一宴」，為了要中外、南北皆宜，照顧四方貴賓的不同口味，避免顧此失彼，經過一番深思熟慮，便取了最保險的作法，以清一色淮揚菜宴客。最後，這次國宴獲得賓客一致好評，便奠定了國宴以淮揚菜為主打的傳統。

那麼，「開國第一宴」的菜式又是怎樣的？是否也是四菜一湯呢？

一九四九年十月一日，中華人民共和國成立，當晚在北京飯店設下晚宴，招待出席開國大典的中外貴賓，被稱為「開國第一宴」。大家猜猜，當晚吃的又是些甚麼呢？

答案不是如今國宴標準規格的四菜一湯，而是遠遠豐盛得多，包括：

四冷菜：五香魚，油淋雞，熗黃瓜，鎮江肴肉

頭　盤：清湯燕菜

八熱菜：紅燒魚翅、燒四寶、乾燒大蝦、燒雞塊、鮮蘑菜膽、紅扒鴨、紅燒鯉魚、紅燒獅子頭

四點心：鹹點：菜肉燒賣、炸春捲；甜點：豆沙包、千層油糕

今天，國宴主要安排在人民大會堂或釣魚台國賓館，視乎人數多寡而定，但「開國第一宴」，卻揀選了北京飯店。當時這個選擇主要基於場地考慮，但北京飯店卻一直以供應西餐為主，欠缺中菜師傅，因此便需要借將，到了以淮陽菜出名的西單玉華台飯店，找來了九位廚師坐鎮。

這次國宴共設六十席，從晚上七時開始，歷時兩個小時。

這次國宴菜式如此豐盛，但後來國宴卻改成「四菜一湯」，當中為何會有這種改變呢？

原來，毛澤東曾經批評過，說接待宴會，大講排場，吃掉的還沒有扔掉的多，白白浪費了國家的金錢和物資。他認為宴會規格太高：「千篇一律都上燕窩魚翅那些名貴的菜，花錢很多，又不實惠。有些外國人根本不吃這些東西。我們請外國人，有四菜一湯就可以了。」

況且，五十年代末、六十年代初，因為大躍進和天災，中國進入困難時期，而同時，中國卻在國際建交上進入第二個高峰期，由一九五五年時的

國宴「堂菜」菜單封面

國宴「台菜」菜單封面

「中南海」菜單封面

二十三個，到一九六五年時的四十九個建交國家，因此當時可謂國宴頻頻，而且每次可能要辦上五十席，在這拮据時期，倍感勞民傷財。因此周恩來便著手進行禮賓工作改革，致力簡約，國宴規格也從此定為「四菜一湯」。

國宴時間也縮短，過去約兩、三小時，如今控制在大約一小時十五分鐘。

到了一九七八年改革開放之後，中國進一步打開外交局面，國宴更加頻繁，當時鄧小平主管外交工作，為了進一步節約，國宴規模再由約五十席，縮減至約十席。

再看國宴的飲品，過去幾十年的變化，也反映出時代的變遷。以往會奉上被稱之為「國酒」的茅台，亦有青島啤酒、廬山礦泉水、五星啤酒等供應，但是如今為了健康，已經很少奉上白酒了，事實上，自一九八四年起，中國外交部就建議不再在國宴上喝高酒精度的烈酒，因此逐漸以葡萄酒代替，熱門品牌是張裕和長城。另外、北京啤酒、可口可樂、燕京啤酒、橙寶、椰子汁、碧雲洞礦泉水、浙江龍井茶等，也成為時代的國宴指定飲品。

但也有例外，一九九二年，當時的俄羅斯總統葉爾欽訪華，雖然當時國宴已經取消了烈酒，但大家都知道俄國人尤其是這位總統嗜烈酒如命，於是該次國宴破例再次供應茅台，結果賓客盡歡，葉爾欽感到主人家十分貼心，自己一人便喝了半斤。

以食材上來看，早期周恩來出於「革命精神及艱苦奮鬥」這種政治正確的理由，而批示「一切招待必須是國貨」，但隨著改革開放，菜式西化已經不再是禁區。

不過，也有不變的，就如口味上，為了調和眾口，始終以平和為主。即使是四川菜式，會減少麻、辣、油膩；而蘇州、無錫等地方菜，則會少放糖。某位大會堂的老廚師曾表示，吃國宴，就別要想吃香、吃辣。

順帶一提，近年，人們流行把中國國宴分為「堂菜」和「台菜」兩大流派，究竟何謂「堂菜」何謂「台菜」呢？

其實，「堂菜」的「堂」字，取自「人民大會堂」的「堂」，那是中央政府宴請中外重要貴賓，舉行正式、盛大官方宴會包括國宴的所在地；至於「台菜」的「台」字，則取自「釣魚台國賓館」的「台」，此乃國賓下榻地方，且用餐所在地。

兩處廚房所做的菜，要款待的往往是外國元首和政要，因此絕對不能失禮，所以這兩個廚房，都是中國最頂級的。

也因為場合有所不同，堂菜菜式較為華麗，用料亦較珍貴，選料精細，刀工精細，擺盤得體，造型典雅；至於台菜菜式則較清鮮淡雅，醇和雋永，講求養生，亦廣納各大菜系特色，包括民間風味小吃，以至中西結合。

一九八四年人民大會堂出版了《國宴菜譜集錦》，首次為堂菜正名，之後，有論者甚至把堂菜抬舉至中國「八大菜系」之外另一菜系。那麼，堂菜又有何代表性菜式呢？

以款待尼克森訪華那場世紀國宴為例，熱菜當中包括三絲魚翅、椰子蒸雞兩道，剛巧《國宴菜譜集錦》一書內亦有收錄，並介紹了作法。

三絲魚翅的作法是把母雞、鴨子、豬肘、火腿、干貝放在砂鍋裡熬湯，並把已經發好的魚翅放入一起煨，後把魚翅取出，把原湯過濾後備用，再用嫩雞、冬筍、蒸熟火腿取三絲，之後三絲在底，魚翅在上，在碗中放好，澆上原湯後拿去蒸，蒸透後再把三絲魚翅留在盤中，原汁再拿去勾芡，再澆在三絲魚翅之上。

至於椰子蒸雞，則是把雞去骨後切塊再調好味，把新鮮刨好的椰絲，拌好雞塊，加雞油拌勻，再拿去蒸熟，扣上盤上，椰子水加入清湯後勾成薄芡，再澆在雞肉之上。

至於台菜，著名菜式包括讓鄧小平大為讚賞，被譽為「中華第一湯」的酸辣烏魚蛋湯，周恩來愛吃的沙鍋獅子頭，讓雷根總統亦讚歎不已的佛跳牆，以至香橙鴨子、紙包魚、起司烤魚等。

這裡且談談酸辣烏魚蛋湯的故事。名廚李志順在接受記者訪問時回憶，當年他跑到釣魚台國賓館追隨侯瑞軒師傅做學徒，目睹師父一番苦心孤詣。一九八〇年時年屆六十一歲的侯師傅開始擔任國賓館總廚師長，他嘗試把酸辣烏魚蛋湯升級為國宴菜，當中花了不少心思和功夫。為了要兼顧賣相和營養，他想出要把此菜由傳統濃湯改成清湯，賦予新生命，但在加醋進湯的過程，卻遇到極大難題，本來皎白的烏魚蛋開始變色和發硬，湯的外觀與口感均大打折扣。

要解決這難題，侯開始尋找醋的替代品，反覆嘗試檸檬汁等效果都不理想，最終他發現，天然發酵的酸黃瓜汁，既不影響湯清，也不會破壞烏魚蛋鮮嫩和柔滑的口感，二者結合起來相得益彰，湯水清澈，再加入胡椒，湯水酸辣有致。當鄧小平用這道湯接待外賓時，外賓讚不絕口，讓鄧樂透，讚之為「中華第一湯」。

本文部份參考自吳德廣〈新中國國宴的前世今生〉，載於《新華澳報》網上版，二〇一六年十月一日。作者在禮賓司任職共計二十多年，親身經歷了多次國宴。

第三十二章 烤鴨外交

一九七一年七月九日至十一日，尼克森的特使，美國國務卿季辛吉，在訪問巴基斯坦期間裝病，祕密暗赴北京，與周恩來密晤，協商尼克森訪華之行，為此鋪橋搭路。據說，最初雙方會談氣氛緲緊，一談就是兩個多小時，但仍沒有進展。到了午飯時間，大家都腹如雷鳴，周總理適時的說：「我們不如先吃飯吧，烤鴨要涼了！」

原來這頓午飯的主菜就是北京烤鴨，席間，周總理就烤鴨的種種如吃法等，侃侃而談，如數家珍，並親自為季辛吉夾上一片上好的鴨肉，放在荷葉餅上，讓對方感到主人家的好客，吃後更讚不絕口。席間，款待貴賓的佳釀，就是中國的「國酒」貴州茅台。這種口感強烈的佳釀，正是烤鴨的絕配，喝得對方如沐春風。

就是這樣，美酒佳餚，賓主盡歡，融合了雙方的鴻溝。結果當天下午和第二天的會談，便順利得多，雙方終於達成協議，促成了來年尼克森訪華之行，改變了中國，以至全世界的政治格局和歷史。

當時有評論便指，這是繼「乒乓外交」之後的「烤鴨外交」，為中美建交立下功勛。

所以不止是「雞脾打人牙骹軟」（「吃人嘴軟，拿人手短」之意），「鴨脾打人」，可能更有過之而無不及。

但是又有多少人知道，在這些看似尋常的烤鴨和茅台背後，其實又蘊藏了這位總理的一番大費周章。

雖然季辛吉只是在京匆匆停留四十八小時（因為此乃密會，如果這位國務卿失蹤太久，會引起媒體起疑），但每頓飯的食譜，都是事先經過周密考慮才定好，每餐都不重複，務求不能待慢貴客。讓國家沒面子，還算事小；影響尼克森歷史性訪華之行，那就事大。

那些以總理名義的宴請，食譜更由周恩來親自審定。他特別提出，應該讓客人嚐嚐烤鴨。本來到烤鴨店吃，最新鮮熱辣，原汁原味，但考慮到此乃密會，怕這樣一來，會走漏風聲，由烤鴨店烤好送來，鴨肉涼了，風味大打折扣，於是索性在釣魚台國賓館搞了個小烤爐，再請來烤鴨店的一位老師傅，在這裡親自處理。

為了照顧美國人的口味，怕他們吃不慣中菜，負責接待的專案小組，還特地安排了一個西餐廚師，準備烹調一些西餐。例如當時的釣魚台國賓館還未備有起司，但聽說美國人愛吃，就專門到北京飯店去張羅。不料，季辛吉卻真的識飲識食，懂得欣賞中國菜，所以一行人來時都特別提出要吃中國菜，而且他們對此更表現出很高的興致。

另一位負責接待的中國高層葉劍英，在季辛吉離京前的最後一頓午宴，還風趣的說：「這次很對不起啦，沒能以正式公開的方式來歡迎你，以後再補上。下次來就不需要躲在這裡了，可以到烤鴨店品嚐烤鴨，也可到東來順吃涮羊肉，還可以給你們的家人買些紀念品。」

四天之後，也即是七月十五日，中美雙方同時發表了這份舉世震驚的聯合公布。

烤鴨往往是中國外交上的一道祕密武器。

例如，一九六九年，越共主席胡志明主席病重，周恩來知道後憂心忡忡。早於一九二二年，兩人在赴法勤工儉學時便已經認識，後來各自回國後都以共產主義搞革命，因此有着深厚的革命情誼，而中、越兩國同屬共產主義鄰國，關係更加密切。因此，周派出頂尖水準的醫療組到河內給胡看病。等到胡志明病情相對穩定，便請醫療組先回國小休，並親自設茶點為他們送行。醫療組感謝之餘，並詢問胡需要他們從北京帶回些甚麼。胡打趣說，甚麼都不需要，只要一隻北京烤鴨就夠了。

醫療組返京後向總理親自匯報，周恩來知道後十分重視，當即指示說，一隻烤鴨不夠，要送夠兩隻，且要把甜麵醬、大葱和薄餅一起配齊。準備烤鴨容易，但要在炎熱的夏天把烤鴨千里迢迢送到河內，並確保不變壞，則很難。結果找來了保鮮專家想出方案，先把烤鴨和各種配料嚴密包好，放在一個白色搪瓷桶裡，再撒上一種特製的化學冰粉來降溫，方便長途運送。

烤鴨運到河內後，胡志明喜出望外，烤鴨雖物輕，但周恩來的情誼卻重。他把一隻烤鴨送給醫療組，而另一隻，則在七月一日用來宴請中國駐越南大使王幼平。席間，這位越共主席還談笑風生，說天氣這麼熱，不知他們大使館那邊蚊子多不多，如果不夠的話，我們主席府可以支援一部分，逗得大家大樂。之後，王幼平舉杯，祝胡萬壽無疆，但胡卻說，人不可能萬壽無疆，總有一天會倒下。只是寥寥數語，讓大家看到胡對生死已經看得十分淡然了。結果，因為身體問題，這天烤鴨他吃得不多，但他還是十分開心，開心的原因不在於烤鴨本身，而在於烤鴨背後的情誼。

半個世紀後，時至今日，烤鴨仍是中國外交上的重要「軟實力」。例如二〇一四年十一月，APEC，東道主中國在奧運游泳場館水立方設宴歡迎與會貴賓，當晚是國宴的規格，菜式是四菜一湯，而且吃的有響螺、龍蝦、烤鴨這樣的大菜，讓一眾政治領袖大快朵頤。當晚菜單如下：

冷盤、上湯響螺、翡翠龍蝦、檸汁雪花牛、栗子菜心、北京烤鴨、點心、水果、冰淇淋、茶和咖啡

縱使有響螺、龍蝦、雪花牛，但該晚的「重頭戲」，始終是烤鴨。

今次，烤鴨又登上APEC這樣的外交巔峰之會。烤鴨之所以如此受青睞，當然是因為好吃，但其實，烤鴨不單止「吃得」，而且還「看得」。例如，這次國宴現場，便有八位廚師表演，把烤鴨片皮，這也是好讓「老外」驚豔的一場視覺表演吧！

烤鴨片皮的功夫本來已經殊不簡單，講求刀章，讓皮薄如紙，更何況，當晚國宴，廚師要當場把每一隻烤鴨，片出十六片鴨肉，再拼出一朵代表中國的牡丹花圖樣，難度更高。那牡丹是外圈七片，第二圈五片，第三圈三片，中心一片，配以絲瓜苗做成枝葉。之後，廚師將餐盤端起以四十五度角向在場的嘉賓展示，從烤鴨上場、片鴨、擺盤、展示，整個過程在四分鐘內完成，因此極考驗功夫。這道菜因此被定名為「盛世牡丹」。之後，師傅才為場中貴賓分菜，把鴨肉，以及以薄餅（荷葉酥）捲着鴨肉和黃瓜的鴨卷，兩食一起奉上。

主人家貼心的地方是，想到有些貴賓可能基於吃素等原因，所以不吃鴨，於是再為他們設想出素鴨卷，那是選用黃瓜絲、胡蘿蔔絲、山藥絲、杏鮑菇絲、薑絲，再塗上專用醬汁，外以餅捲着，那就成了取代鴨卷的素鴨卷了，並定名為「五福蔬菜卷」。

盛世
牡丹

這次負責主理烤鴨的是百年老字號「全聚德」。

有趣的是，無論是二〇一四年三月訪華的美國第一夫人蜜雪兒，又或者出席APEC的日本首相安倍晉三，兩人都是到「大董」吃烤鴨，而非全聚德，相信這讓後者面子並不好過，尤其是，蜜雪兒訪華特地要品嚐烤鴨，這在媒體刮起了一陣旋風，成了城中熱話，街頭巷尾都熱烈討論，為何這位美國第一夫人選的是大董而非全聚德。

這次APEC國宴由全聚德主理烤鴨，相信終於可以讓這間百年老字號，爭回一口氣，尤其是全聚德始創於清朝同治三年，到二〇一四這一年剛好是一百五十週年，意義非凡，因此爭到這一口氣便尤其重要。

本文部分參考自王凡、東平所著的《紅牆記憶——大事件小細節》（第二冊）一書，書中就尼克森訪華這件歷史大事，訪問了當年主管釣魚台國賓館警衛工作，並擔任尼克森訪華期間安全負責人之一的鄔吉成，對接待工作的具體籌備細節，有獨家披露。

第三十三章 美國第一夫人為何讓烤鴨店懊惱？

到北京旅遊，節目之一，當然是嚐嚐馳名的北京烤鴨。提起北京烤鴨，很多人都會想起著名的老店全聚德，但老實說，對於這類國營老字號，往往都有聞名不如見面之感。

傳說都是美好的，據說全聚德用的都是最好的鴨子，飼養期不會超過九十天，春秋兩季的鴨子最肥美。他們並用果樹的樹枝來烤鴨，例如梨木、棗木，能使鴨子沾上香甜的味道，而爐火也夠旺，烤出來的鴨皮脆肉嫩，味道香甜。

幾年前，我也到過全聚德吃烤鴨，而且是位於前門的老店，不是一般的分店，而且這次還是官方宴請。但吃後卻覺得平平無奇，我甚至打趣跟同伴說，似乎香港北京樓的烤鴨還要好吃一些。

有長居北京的一位香港朋友跟我說，我實在太過落伍了！今天在北京吃烤鴨，人氣之選首推「大董」，烤的鴨比起全聚德好吃多了！該店門前永遠有長長的人龍，而且老外也趨之若鶩。

我起初還半信半疑，直到我最近才發現，就連美國總統歐巴馬太太，第一夫人蜜雪兒訪華，到北京也是到大董而非全聚德吃烤鴨，才知道大董原來真的如此名揚四海。

話說二〇一四年三月二十日，蜜雪兒抵達北京，不過，這位第一夫人因為過於疲勞沒有去吃飯，而由她的母親帶同兩個外孫女一行十人前往用餐。當晚的菜單如下：

前美國第一夫人蜜雪兒到訪北京全聚德當晚菜單

前菜：酸辣黄瓜、櫻桃鵝肝

主菜：董氏宮保蝦、招牌豉椒牛仔粒、宮保雞丁、董氏燒茄子、炒桂

花粉絲、雪菜燒筍衣、燒二冬、清炒豌豆尖、蒜蓉花椰菜、蔥爆小牛肉

烤鴨：大董烤鴨兩隻（配黑魚子）

主食：揚州炒飯、三鮮餃子、老北京炸醬麵、透亮素包子

到大董，當然必吃烤鴨，但除此之外，菜單貫徹蜜雪兒的飲食習慣，盡量多吃蔬菜，比如炒桂花粉絲、雪菜燒筍衣、燒二冬、清炒豌豆尖、蒜蓉花椰菜、素包子，葷素搭配得很健康。

一行人對北京烤鴨的特別吃法，都十分感興趣，例如鴨皮蘸白糖、餅捲鴨肉片、空心燒餅塞鴨肉配甜麵醬，尤其是鴨皮配黑魚子。另外，他們對豉椒牛仔粒尤其欣賞，吃了一份之後，又再多加了一份。

一切看來很完滿，但據當地報章報導，原來當中有一段小插曲。這晚的菜單，是美方官員之前拿走了一本菜單，預先點的，但大家可能不曾想到，這卻惹來大董老闆的不快。

話說，當初大董老闆在西班牙出差，一聽到美國第一夫人一行人會於一

週後到自己的店吃飯，便十分緊張，心裡立即盤算，應該推薦一些甚麼招牌菜招呼貴客。不料建議卻被美國大使館婉拒，理由是這家餐廳他們熟悉，況且，他們只想吃一些讓「他們覺得舒服」的菜。

一番好意遭到婉拒，老闆心裡自然不是味兒。結果，當他再看了客人點的菜單，更是一肚牢騷。不是嗎？不錯，雪菜燒筍衣和燒二冬算得上時令，但蔥爆小牛肉和豉椒牛仔粒都是牛肉，宮保雞丁和宮保蝦兩款菜都是宮保，食材和煮法可謂重複，剩下的又全是粉絲、茄子、花椰菜之類的廉價素菜。老闆心想，你們來大董，叫一堆素菜吃又有什麼意思呢？就算不叫店裡最好的，也應該叫店裡最具特色的，例如海參和甲魚等。

結果老闆最終按捺不住，加送了一道「董氏燒海參」，主動為他們加菜。

其實，大董老闆也未免太過從中國人的角度看問題，首先，他有沒有想過，甲魚之類野味，對洋人來說是否太過驚嚇呢？再者，今天很多洋人，例如蜜雪兒，十分注重健康飲食，每餐必然吃大量蔬菜。就連「食肉獸」歐巴馬，在太太蜜雪兒訪華時，接受電視訪問，對著身為其太太好友的女主持，也打趣地提到，自己十分乖，太太不在身邊時，自己也有每餐進食如紅蘿蔔等蔬菜。

況且今天也要講求政治正確，從政人物吃飯不宜太過鋪張和奢華，難道叫一桌鮑參翅肚，山珍海錯嗎？第一夫人家庭在大董的這一餐，加上酒水，也不過花了三千多元人民幣而已，相當實惠。

這次蜜雪兒訪華，其實也有到訪四川成都看熊貓，並到了當地的大妙火鍋店，吃其四川火鍋。大家猜猜她點了些甚麼火鍋料？答案如下：澳洲肥牛兩份、大妙香菜丸子、大妙神豆花、鵪鶉蛋、大白菜、土豆、大妙手撕乾筍、菇類拼盤、五種小菜各一份、小吃乾麵一份。

蜜雪兒叫的，與很多香港人吃火鍋時叫的一樣，是鴛鴦鍋，一邊辣，一邊不辣。這位第一夫人原來不怕辣，吃牛肉時用紅湯涮，吃蔬菜和麵時才用白湯涮。至於用的調味碟，醬料是芝麻油，再加上一點蠔油、蔥和大頭菜，兩個女兒和她媽媽的配料也類似。

大家看到，除了肥牛和肉丸之外，其餘的也全是素菜，所以蜜雪兒不是針對大董，健康飲食風格是她的一貫。

此外，除了兩盤澳洲肥牛每盤一百八十八元之外，其他都是廉價食材，二十人總計消費只用了一千三百一十六元，當中還包括酒水五百七十元。

所以，從這兩餐飯可見，吃得健康、吃得平民、戒絕鋪張，是蜜雪兒吃的風格，她兩夫婦在白宮宴客也一樣如此。但值得留意的是，有時她也會藉著吃來帶出政治訊息。

例如，行程的最後一晚，大家猜猜，蜜雪兒又吃些甚麼菜來結束這次訪華之行呢？

答案是到了成都天湖賓館內的西藏餐館，品嚐西藏菜！聰明的讀者想必也猜到，這明顯是要間接帶出美國政府關注西藏人權問題的政治訊息。

在餐館中，她們點的西藏菜包括：青稞犛牛肉湯、手抓犛牛肉、青稞菜心、牛肉芹菜餡餅，還有高原酸奶和酥油茶，以及卡賽餅等。材料都是從西藏空運到成都的。

有趣的是，這位第一夫人還意猶未盡，再點了一些川菜，包括清炒白菜、土豆燒肉、樟茶雞、饅頭和玉米棒。這讓人聯想，吃了西藏菜，還要再額外點四川菜，究竟她們一家是否真的懂得欣賞西藏菜呢？還是只是純粹想擺出一種政治姿態而已？

這頓西藏菜（再加四川菜），蜜雪兒及其親屬共八人用餐，共花掉兩千四百元，以這樣的菜式而論，算是比較貴的一餐了。

第三十四章

款待尼克森的世紀國宴

前面談到，一道北京烤鴨，讓季辛吉大快朵頤，「烤鴨外交」總算幸不辱命。那麼到重頭戲上場，一九七二年，尼克森歷史性訪華，那一場國宴理應更讓人驚豔吧！那麼，當時吃的究竟又是些甚麼？

答案是，雖然熱菜仍是四菜一湯，但卻有七道冷盤、八道點心、兩道水果，以及八種酒水，豐盛程度與開國第一宴，相去不遠。但這次國宴卻偏偏沒有烤鴨，原來周恩來是要請尼克森到全聚德這間全國著名的北京烤鴨店，專程吃了一回道地的北京烤鴨。我想，這或許是要實現一下，前面提到，葉劍英對季辛吉所許下的承諾。

那麼這次國宴有甚麼好東西吃？這裡且寫出來讓大家開開眼界：

一九七二年，尼克森訪華國宴菜單

冷盤七道：黃瓜搓番茄、鹽封雞、素火腿、酥鯽魚、鳳梨鴨片、廣東三臘（臘肉、臘鴨、臘腸）、三色蛋（松花蛋）

熱菜四菜一湯：芙蓉竹荀湯、三絲魚翅、兩吃大蝦、草菇蓋菜、椰子蒸雞

點心八道：杏仁酪、豌豆黃、炸春捲、梅花餃、炸年糕、麵包、黃油、什錦炒飯

水果兩道：哈密瓜、橘子

酒水八種：茅台酒、紅葡萄酒、青島啤酒、橘子水、礦泉水、冰塊、蘇打水、涼開水。

有一點有趣的是，據坊間媒體報導，周恩來瞭解到美國人愛吃海味，便想讓他們嚐嚐鮑魚，並把任務下達給遼寧省委。結果，一級傳一級，最終決定從大連冰封的黃海深處，採捕野生鮑魚備用，預備拿來款待客人。

當年其中一位奉命下海的，是如今年逾八十的大連獐子島老漁民王天勇，當年他四十二歲，正當盛年。近日他接受香港報章電話訪問時透露：「那時不知要給誰撈，上邊說是『政治任務』，又正是寒冬臘月，上邊都不理，一定要下水，還指定要最好的。」於是，這些漁民只有硬著頭皮，冒著零下二十度的刺骨冰寒，潛水找鮑魚，先後下水一百多次，過程驚險百出，還曾遇到四公尺多長、張開血盆大口的大青鯊，雙方僵持了幾分鐘，險象還生。結果，千辛萬苦，工作了半個月，才採來三千斤的野生鮑魚，再從中挑出最好的兩千斤，送到北京。

據報導，後來這些野生鮑魚成了席上佳餚，當尼克森大快朵頤後，還打聽到這些美味鮑魚，原來採自冰封了的黃海深處，不禁為中國人的好客而大為感動。事後，周總理還致電多謝採捕者，表揚他們為這次中美談判的「幕後英雄」。王天勇也是事後才知道自己採捕的這些鮑魚，原來是拿來款待尼克森，為祖國的外交獻上一份力。

這個鮑魚的故事，無疑動人，但從上述的國宴菜單上，卻看不到鮑魚。我不知道此行其他款待尼克森的筵席上，有沒有鮑魚這道菜式，但至少在這場國宴上，卻沒有。

在這場國宴中，菜式雖然豐盛，尼克森使用筷子雖然精采，但主角卻由之前提過的烤鴨，變為貴州茅台酒，而在茅台酒上更燃起一把火，把兩國間的堅冰融掉。由「烤鴨外交」，再發展成另一幕蜚聲國際的「茅台外交」。

話說周恩來向客人鄭重介紹茅台酒，說酒精含量在五十度以上。尼克森報以一個笑話，說聽過一個人喝茅台喝多了，想抽一口飯後菸，可是當一點火，整個人便點燃爆炸！周總理聽了之後開懷大笑，也當真拿來火柴，點燃起自己杯中的茅台酒來，並愉快的說：「尼克森先生，請看，它確實可以燃燒！」

但也有黯然神傷的一刻。

話說當雙方向對方官員逐一祝酒後，敏銳的尼克森留意到，每次說乾杯時，周恩來只是用嘴唇輕碰一下酒杯沿。於是當回到座位後，他試探的問：「我聽說你的酒量很大。」周恩來笑了笑，帶著回憶的神情說：「過去能喝。紅軍長征時，我曾經一次喝過二十五杯茅台。」再以手比劃一下說：「比這個杯子還大。」尼克森吃了一驚，並疑惑的說：「可是今天你沒喝？」周恩來無奈的說：「年齡大了。醫生限制我喝酒，不能超過兩杯，最多三杯。」

畢竟歲月不饒人，當日喝得豪氣干雲的周恩來，今天也覺英雄遲暮。事實上，四年之後，周便因病辭世。

尼克森再說：「我曾在書裡讀過這樣一段故事，說紅軍長征途中攻占生產茅台酒的茅台鎮，把鎮裡的酒都喝光了。」周恩來臉上流露出對往昔的眷戀之情，說：「長征路上，茅台酒是被我們看作包治百病的萬應良藥，洗傷、鎖痛、解毒、治傷風感冒。」尼克森聽後還爽快的說：「那就讓我們用這個『萬靈丹』乾杯吧！」

事實上，當進中南海之後，每逢周恩來患上感冒等小病，他都盡量不吃藥，而是喝點茅台，有時還把雙腳泡在熱水中，行氣活血，邊喝酒，邊批閱文件，再好好睡一覺，一覺醒來便好。夏天患感冒就更神奇，周會在冰淇淋上澆點茅台，吃過就好。就是如此，周恩來把長征時期紅軍用茅台來治病的傳統，保存下來。

這次招呼尼克森的特選茅台，據說已經存了三十多年，再加上前述那些瑰麗驚奇的表演和故事，不禁讓這位總統神為之奪。

如果周總理用一杯茅台酒來作表演，讓美國人大開眼界的話，那麼尼克森也一樣禮尚往來，而他用的，則是一雙筷子。

在這場國宴上，在座的美國來賓，大多數都因不會使用筷子，而只好勉強以刀叉來應付中國菜，也因此而弄得頗為狼狽，唯獨尼克森卻遊刃有餘的使用筷子來夾取佳餚，單是這一舉一動，便謀殺了記者不少底片。原來，這位機關算盡的美國總統，事前早已考慮到要吃中國菜這個細節，不惜費了不少心機，事先學好如何使用筷子，不僅為了不讓自己出洋相，更要讓大家驚嘆，務求在這舉世注目的歷史性一幕中，搶盡風頭。

文中周恩來和尼克森於國宴上有關喝茅台的故事和對話，參考自權延赤所著《走下聖壇的周恩來》一書。

第三十五章

香港前途談判期間的餐桌風雲

一九八二年，柴契爾夫人訪華，為香港前途談判揭開序幕。當時英方堅持當年與清政府簽訂的割讓協議是有效的，除了新界之外，中國無權收回香港島及九龍半島，更認為沒有了英國人管治，香港將難保繁榮。鄧小平則堅持三條不平等條約全部無效，中國將不惜一切代價收回香港。雙方會談氣氛可謂鬧得很僵。

會談期間，鄧小平突然話鋒一轉，問對方究竟喜歡吃哪裡的中國菜？其實這個提問十分唐突，英國人本來對吃便不太講究，你問對方喜不喜歡吃中國菜還可以，對方還可以勉強說一、兩道中國菜來敷衍一下，但你問對方喜歡吃哪裡的中國菜，試問又有多少洋人會知道中國有八大菜系，又把八大菜系的菜式分辨得清楚呢？我相信很多洋人都會啞口無言。要記住，那不是全球化席捲世界的今天，那是大家仍然十分土氣的八十年代。

鐵娘子當然不是一個輕易肯低頭認輸的人，願意大方承認自己對中國菜所知有限，想起自己曾到蘇州遊覽過園林勝景，又品嚐過蘇州船菜，印象也不錯，於是便順口回答說，她較喜歡蘇州菜。

不料鄧小平卻太過得勢不饒人，說：「哪裡，還是我們四川菜好吃！」我想，柴契爾夫人哪會知道蘇州菜偏甜，四川菜偏辣，於是便唯唯諾諾算數。接著兩人便閉門進行會談。鄧小平也著實沒有禮貌，我想脾氣火爆的柴契爾夫人心裡必定不悅，只是按捺不發。一葉知秋，接下來的會議氣氛如何？相信大家心裡有數。

除了這些嚴肅話題外，這次柴契爾夫人訪華，還有一些與飲食有關的趣聞逸事。話說她計劃在人民大會堂舉辦答謝晚宴，但她卻十分節儉，打算在四款分別每位要價五十元、七十五元、一百元、一百四十元人民幣的菜單中，選用最平價的五十元那份菜單來宴客，但時任英國駐華大使的柯利達得悉後，卻認為這份平價菜單，魚翅、海參這些名貴菜式通通沒有，實在太過

「寒酸」，有失體面，遂強烈建議選取七十五元那份較貴的菜單，並建議帶備銀器餐具。難得鐵娘子最後都軟化，接納建議。

讀者可能心裡咕嚕，五十元和七十五元之分，是否需要如此精打細算？須知道八十年代初英國經濟低迷，失業者眾，再加上那時又剛打完福克蘭戰爭，國庫更加空虛，作為一個民選政治領袖，不得不顧慮經媒體報導後，國內是否會批評晚宴過於揮霍，更何況類似宴會席開不止一桌、兩桌，估計參與宴會的人達一百六十位，也是一筆不小的數目。我記得那時的物價大概是，在香港普通餐廳吃一頓普通午餐，大概是五元港幣左右。

可惜的是，雖然英方如此苦心安排，但當時碰上朝鮮領導人金日成訪華，中方領導人都得「給面子」，去了朝鮮那一邊的晚宴，最終只有一位中方領導人到來，出席英方這次晚宴。但這究竟是純粹因為金日成的原因，還是因為會談不歡，中方要給英方臉色看，外人便不得而知了。

究竟這份每位要價七十五元人民幣的菜單，當中又有甚麼菜式呢？答案如下：

冷盤、燻馬哈魚、三絲魚翅湯、富貴魚唇、彩貝藏珠殼鮑魚、烤羊肉串、奶油龍鬚菜（筆者按：即蘆筍）、鴿脯海參、草菇絲瓜、燕窩京鳳凰、煨水果、點心、冰淇淋

從中可見，不單止有魚翅和海參，還有燕窩和鮑魚仔，難怪柯利達認為可以過關。

手上有一本由逯耀東教授所撰寫，探討中、港、台三地飲食文化的文集《出門訪古早》一書。逯耀東曾在八十年代於香港中文大學歷史系任教，對那個年代的時事自然比我們這些晚輩清楚，而書中恰巧有一篇文章便談到，中英就香港前途問題談判期間，因飯宴菜式而鬧出的另一場政治風波。

那是一九八三年九月的第六次會談，當時氣氛仍是不佳，不單會前沒有談天氣來活潑談判氣氛，會後中方也沒有在門口送客。到了晚上，中方作東在北京飯店宴客時，也吃得不好，菜單如下：

冷盤、黃茸豆苗湯、三絲魚肚、乾烹大蝦、香酥雞腿、海米燒白菜、

脆皮瓦塊魚、黃燜鴨塊、冰糖雪耳、點心兩味

這是一桌十分普通的菜，如果由當時香港的京菜館來辦理，大概五百元即可。消息傳回香港，大家都意會到中英雙方在談判上觸礁，人心惶惶，後來更爆發了「九月風暴」，金融市場大大震動，港元兌美金匯率暴跌，由一美元兌六・二港元跌至九・八港元，股市跌了一千多點，超市的白米和衛生紙也被搶購一空。

北京見狀，才瞭解到香港是如何人心虛怯，問題是如何嚴重，立即出手補救。其中之一，就是在十一月的第七次會談時，選在北京最著名的粵菜館大三元宴客，這次宴會與上次截然不同，十分豐盛，廚師是由廣州泮溪酒家與北苑酒家，專程飛過來的特級廚師，菜單如下：

脆皮乳豬全體、鮮菇扒帶子、玉蘭花雞球、雞絲燴三蛇、茄汁煎牛排、名牌太爺雞、紅燒鮮水魚、上湯焗禾花雀、翡翠桂魚球、點心兩道

這是一席達標的粵式筵席，先有乳豬全體，再來是兩熱葷，鮮菇扒帶子和玉蘭花雞球，再有整隻雞和整條魚，分別是太爺雞，以及以整條魚取肉的翡翠桂魚球，不像上次般，以雞腿和魚塊上桌。不錯，這席菜沒有魚翅，但卻代之以太史蛇羹，那正是主人家心思所在的地方。那時正是秋冬之際，席上加了蛇羹、禾花雀、水魚三味野味來進補，可謂富有時令特色。

難怪，宴會結束，以故香港殖民地總督尤德爵士向中方首席代表握手道謝時，說：「終於吃了一席很好的廣東菜。」

作為一個英國人，尤德是不是真的會欣賞蛇、禾花雀和水魚，這類讓洋人聞之而色變的野味，我不知道，但作為一個老練外交官出身的尤德，想必已經察覺到中方想透過一席豪華粵式筵席想帶出的政治信息，又怎能不投桃報李，說恭維話美言幾句呢？難道他可以像鄧小平般說：「還是我們英國菜炸魚薯條好吃！」

第三十六章

香港政府宴會筵席吃些甚麼？

二〇一七年六月三十日，慶祝香港回歸中國二十週年，為了隆重其事，國家主席習近平親臨香港主禮，特首梁振英及特區政府設宴歡迎，當晚菜單如下：

迎賓大拼盤（五香滷水牛腱、香芒明蝦卷、涼拌青筍、美味羊羔）、香酥鮮蟹蓋、淮山杞子響螺燉豬腱、碧綠蝦籽大烏參、古法清蒸海上鮮、翡翠北菇素荷包、竹籠瑤柱雞粒荷葉飯、椰汁紫米露、君悅甜點心、合時鮮水果。

二〇一六年五月，全國人民代表大會委員長張德江訪港，梁振英及特區政府設宴歡迎，當晚菜單如下：

鮮果蝦沙律、脆蔬炒雙蚌、菜膽螺頭燉雞湯、福祿花菇瑤柱脯、清蒸海上鮮、上素釀竹笙卷、明爐一品炒飯、上湯煎粉果、紫薯蘆薈露、鮮果拼盤

再看看二〇一二年八月十日，梁振英及特區政府宴請「天宮一號與神舟九號載人交會對接任務」代表團，這次款待的嘉賓包括三位宇航員景海鵬、劉旺及中國首位女宇航員劉洋，當晚菜式如下：

鴻運乳豬件拼海蜇、雪花炸釀蟹蓋、松茸螺頭燉竹絲雞、芙蓉瑤柱脯、清蒸老虎斑、頭抽蜜椒浸龍崗雞、福建炒五穀米、上湯水餃生麵、椰林金粟露、精美小甜點

二〇一二年六月三十日，慶祝香港回歸十五週年，特首曾蔭權及特區政府設宴歡迎訪港的國家主席胡錦濤，當晚菜單如下：

鮑汁煎帶子、石鍋釀八寶、竹笙海鮮燕窩羹、雲腿竹笙時蔬、碧綠蠔皇原隻湯鮑魚、清蒸海東星、海鮮皇炒飯、銀耳稔杏燉木瓜盅、君悅甜點心、合時鮮果盤

二〇一一年八月十七日，國務院副總理李克強訪港，帶來一系列挺港政策，曾蔭權及特區政府設宴歡迎，晚宴菜單如下：

鮮果明蝦沙律、焗釀鮮蟹蓋、竹笙海鮮燕窩羹、碧綠蠔皇原隻湯鮑魚、清蒸海東星、北菇翡翠上素卷扒芥蘭、鮮蝦菜粒飄香荷葉飯、銀耳稔杏燉木瓜盅、君悅甜點心、合時鮮果盆

綜合幾張菜單，我們會發現，在這些隆重宴客場合，有一道菜每次都有，成了特區政府宴客必備台柱，那就是蒸魚，這也難怪，本來清蒸海鮮就是香港菜的代表，況且，無論男女又或者口味濃淡，蒸魚皆宜。

除了蒸魚之外，不同種類的海鮮也是這些筵席上的主打菜式，最常見的是釀蟹蓋，出現頻率頗高，其次帶子、大蝦都有，曾蔭權更用過鮑魚來宴客，但以今天的官場標準而論，鮑魚無疑會被批評為奢侈，往後的特首已經沒有再用。此外，近年愈來愈多人戒吃紅肉，因此以海鮮主打，無疑是較為穩當的作法，也呈現出港人喜歡吃海鮮的口味。

反而，大家婚宴中常常吃到的魚翅，在這些宴會筵席中連一次都沒有出現，相信大家都猜到，這是出於環保和政治正確的理由。事實上，二〇一三年九月十三日，特區政府宣布了新的公務應酬活動中的菜單指令，要求往後停止食用魚翅、藍鰭鮪魚及髮菜。可以預見，環保的考慮，將在特區政府宴客中愈來愈重要。

沒有了魚翅，那麼會用那些食材來作為筵席上的湯品呢？曾蔭權年代多以燕窩作羹，之後，政府宴請就多以響螺燉湯了。

慶祝香港回歸二十週年特區政府晚宴菜單

歡迎神州九號三位宇航員訪港特區政府晚宴菜單的素菜版

至於主食，最常見的是荷葉飯，出現頻率也頗高，否則的話，便會以海鮮炒飯代替。

順帶一提，隨著吃素的人愈來愈多，政府作為主人家也十分貼心，近年宴客多額外準備一份素食菜單，以遷就素食人士。

以前面提到宴請「天宮一號與神舟九號載人交會對接任務」代表團為例，該次歡迎晚宴，也有額外準備一份素食菜單，菜式如下：

菩提五福拼盤、福祿金菇釀鮮茄、淮山燕窩羹、杞子鮮百合炒雙耳、碧山琵琶豆腐、上素石榴粿、栗子茸焗雙果飯、上湯煎素粉粿、雪耳燉萬壽果、精美小甜點

第五篇

古今多少事
都在飯店中

太平館、馬祥興、西湖國賓館、
圓山大飯店

第三十七章

風雲際會太平館：周恩來在這裡擺囍宴

在香港，很多人都聽過、光顧過太平館這間餐廳，以所謂「豉油西餐」出名，即是把中式烹調手法（如使用豉油）融入西餐，用今天的說法就是「fusion 菜」。這裡的名菜包括瑞士雞翅、燒乳鴿、煙鯧魚、焗蟹蓋、瑞士汁炒牛河、葡國雞飯，舒芙蕾等，都是介乎中菜與西餐之間的菜式。

但不知大家是否知道，太平館其實源於廣州，後來才南渡香港。

太平館創始人為徐老高，原本在其昌洋行當雜役，後來因勤奮和天資而當上廚師，煎得一手好牛排，但卻因受不了外國人挑剔，一氣之下離開洋行，上街肩挑賣煎牛排，旋即大受坊眾歡迎。一八六〇年（這是徐家後人著書《共享太平》講述太平館史的版本，但現已被國有化的廣州太平館，其官方版本卻是一八八五年），他更拿出積蓄，在太平沙這個地方置業開店，取名太平館。徐不單把當時本來只有洋人和政商名流才吃得起的牛排，變成平民美食，更大膽採用中式醬油加西式烹調方法炮製食物如牛排、豬排、煙鱠魚等，餐廳遂其門如市。後來更想出燒乳鴿和葡國雞等菜式。

太平館是廣州第一間西餐廳，甚至號稱中國第一間由中國人自己開的西餐廳，想到廣州是清朝最早開放的通商口岸，這說法絕對合情合理。

徐老高去世後，由兒子徐煥、徐枝泉兩兄弟子承父業。現今在廣州北京路（當時稱為永漢路）的太平館，便是於一九二六年，由兄弟二人所開，並以「老太平支店」的名義經營。

就此，太平館由晚清紅到民國，成了華南首屈一指的西餐廳。因為太平館和黃埔軍校只有珠江一水之隔，所以當時很多顯赫政要和將領包括蔣介石，都曾是座上客。作家魯迅、郭沫若、郁達夫等也曾光臨。

到了三十年代，太平館由徐家第三代徐漢初兄弟接手。不久日寇侵華，徐漢初率先南渡香港開店，以謀定後路。一九三八年，廣州淪陷，徐家舉家逃難到香港，廣州店委託老伙計打理。之後香港亦告淪陷，經歷了「三年零八個月」之劫，期間徐家又曾經北歸，返廣州居住。到了抗戰結束，徐家兄弟又再次南渡，重返香港。之後，太平館總算苦盡甘來，經營得順風順水，生意興旺至今，把美食承傳和發揚光大。

至於廣州本店，經歷了重光後，短短幾年的復甦和好景，未幾就迎來了一九四九年大陸變天。之後，中共先後搞了「三反五反」、「公私合營」、「社會主義改造」等針對工商界的運動，太平館最後在一九五六年遭接管和國有化，從此亦風光不再。近日，筆者光顧過廣州北京路的太平館，老實說，食物十分普通。

雖然廣州太平館今天已經風光不再，但當年卻見證了很多風雲際會的歷史。因為當年太平館與黃埔軍校只有珠江一水之隔，所以當時蔣介石、李宗仁、宋子文、張發奎、李濟深、陳濟棠、林森、汪精衛，以至周恩來等顯赫政要和將領，都是座上客。

本書第八章提到有關宋家姊妹所擺的奪夫宴，有推測說當中的乳鴿餐便是由太平館所提供的外燴，我認為這推測完全合情合理。

一九二六年七月，國民革命軍北伐誓師大會在東校場舉行，每人獲供應一份茶點，共一萬份左右，就是由太平館承辦。

此外，「南天王」陳濟棠將軍，也經常叫太平館到他家提供外燴，小則一、兩席，多則十多席。

但說到大手筆，則莫如是國民黨大老林森（他後來當過國民政府主席），他曾帶同大批官員前往羅浮山參拜時，叫了太平館及大三元，分別負責隨團供應西餐和中餐的膳食，讓賓客可以根據各自喜好而選擇。這次參拜活動為期三日，因此餐隊規模龐大，人們稱為「遠程外燴」，也是花費最大的外燴。

一九三六年七月，已經大權在握，執掌南京國民政府的蔣介石，重回廣州視察，他特地前赴太平館一趟，回味他所喜歡的燒乳鴿。為了保安，其警衛事先包下了一層，並裝扮成食客，分別占據餐館各重要位置，餐館門外亦軍警和便衣林立，廚房更站了三、四個便衣，監督廚師煮菜，以防有人下毒，所有員工更不得隨意走動，更遑論離開。蔣身穿長衫馬褂，飄然而至。蔣離開後，廣州報紙以頭條報導，之後食客紛紛湧至，要見識一下，甚至爭相要坐蔣坐過的座位。

日據時期，偽政府主席汪精衛曾多次到廣州視察，亦常到太平館吃飯，至於他太太陳璧君，更因住在廣州，所以經常光顧，且最愛瑞士雞翅，但為了提防反日分子下毒，先是叫其他人下單，其後她才到，又或者叫外賣，且不透露身分，每次用不同姓名，等到隨從來提走食物時，才知道原來又是陳璧君叫的。

瑞士雞翅是太平館的招牌菜式之一，其名稱背後的故事在香港很多人都聽過，話說當年一名外國人在太平沙的太平館吃了「豉油雞翅」後頻呼：「Sweet! Sweet!」，侍應聽到後轉述給一名客人請教，因為轉述時發音不準，被誤以為是「Swiss! Swiss!」，即「瑞士」，誤以為這是瑞士的作法，自此便把這種「甜豉油雞翅」，稱為「瑞士雞翅」。

但是如今太平館最引以為豪的貴客，卻是周恩來夫婦。這當然與現今是由中共執政有關，但亦因為當周恩來在黃埔軍校出任政治部主任與鄧穎超結婚時，囍酒便是在這裡擺，成了一時佳話。

二〇一六年一月八日，《廣州日報》刊登了題為〈周恩來婚宴趣事：鄧穎超不勝酒力周恩來代杯〉一文，記者練情情訪問了周的侄孫女周曉瑾，細述了這次囍宴的細節和趣事。

原來，鄧穎超是在前一日才從天津乘船抵達廣州。但碰上周正忙於指揮省港大罷工，因此竟把「接新娘」的重任交給祕書陳賡，並只給他一張照片，說：「這是我去法國留學前她送我的。能不能接到，就要看你的眼力了。」陳最後任務失敗，沒有在碼頭接到鄧，沮喪而返，不料一回去便見到鄧，原來她在碼頭上見不到周，便坐上一輛人力車，按照地址自行過來。

其實當時兩人並沒有行甚麼婚禮，鄧回憶：「我們那時候沒有可以登記的地方，也不需要什麼證婚人、介紹人，更沒有講排場、講闊氣，我們就很簡單地，沒有舉行甚麼儀式，住在一起。在革命之花開放的時候，我們的愛情之花開放了。」

翌日，也就是一九二五年八月八日，好友張治中（國民黨名將），就替兩人在太平館擺了兩桌，向朋友宣告兩人結婚了。當時的賓客有鄧演達、陳延年、鄧中夏、惲代英、陳賡、彭湃等，同一日，曾經與周在法國一起留學的李富春、蔡暢夫婦亦抵達廣州，趕過來祝賀。至於黃埔軍校校長蔣介石，因老毛病流鼻血，沒有來參加這位政治部主任的囍酒。

席間，張治中說，新娘子在「五四運動」中當過演講隊長，要她今天也講講戀愛故事，眾人都大力鼓掌。鄧後來回憶說：「當時恩來特別擔心，怕我應付不了。其實，我甚麼也不怕。」她就站起來，把他們相識、相愛的經過，從頭到尾說了一遍，還背了周恩來在明信片上寫給她的一首詩——〈奔向自由自在的春天〉。

張誇讚周夫人果然「名不虛傳」。這晚，鄧的酒都是周代喝的，怕她不勝酒力，喝多了，鄧和蔡暢就扶周到陽台上吹風，蔡打了一盆涼水，鄧用毛巾給丈夫擦臉。

一九八九年春天，鄧邀請張治中子女作客，她說：「一九二五年我同恩來在廣州結婚。那時恩來是軍校政治部主任，你父親是新兵團團長。我們結婚很保密，除了你父親，別人誰也沒告訴。誰知你父親一定要請客。他安排了兩桌酒席……那次，他自己一口酒都沒喝，卻把恩來灌醉了。最後他找來衛兵把恩來抬回去，這件事我一輩子也不會忘記。」

至於那晚囍宴吃了些甚麼？根據「官方史」《共享太平》一書引述張治中所述，包括燒乳鴿、葡國雞、牛尾湯。

這裡順帶一提，在太平館擺過婚宴的共產領袖，據說還有越南國父胡志

① 太平館舊貌
② 廣州北京路太平館現貌
③ 周恩來鄧穎超新婚前後的合照
④ 太平館供應的總理餐
⑤ 太平館中的總理廳

④

⑤

明，日期是一九二六年十月十八日，當時他娶了一位中國護士曾雪明，出席者包括蘇聯顧問鮑羅廷，以及這段姻緣的牽線人鄧穎超和蔡暢。

建國後，周恩來曾經兩度光顧過太平館，分別是一九五九年和一九六三年，一九五九年那次更在這裡回請了時任全國政協副主席張治中。周每次都點乳鴿，而鄧則喜歡牛排，於是餐廳後來也按此推出了「總理套餐」和「總理夫人套餐」，以作紀念，亦廣為宣傳。「總理套餐」菜式包括燒乳鴿、玉米鮮奶油湯、奶油餐包、雞絲炒飯、咖啡或茶、雪糕（見圖④）；至於「總理夫人套餐」，主菜和湯，分別換成佛羅倫薩牛柳和番茄奶油湯，沒有雞絲炒飯。

如今，廣州北京路太平館的三樓，被命名為「總理廳」，那就是總理當年用餐的地方，現在這裡還掛上周恩來夫婦年輕時的合照（見圖⑤），以及周自己晚年的照片，以作紀念。

本文部分參考自徐錫安著，《共享太天——太平館餐廳的傳奇故事》，作者乃徐家第五代傳人。

第三十八章

馬祥興：漢奸至愛美人肝

曾經到過南京渡假，除了想看看當地如中山陵、總統府、美齡宮、明孝陵、雨花台等歷史政治建築之外，饞嘴的我，還想慕名光顧當地一些昔日的政圈飯堂。南京是民國時期的政治中心，政商名流雲集，宴會筵席夜夜笙歌，傳奇飯店自然也不會少，其中一間便是「馬祥興」（見圖①）。

馬祥興創辦於清道光年間，老闆叫馬思發，後來傳到其兒子一代馬盛祥手中，正式取名馬祥興。「馬」是家族姓氏；「祥」取自馬盛祥其名字；「興」則寓意生意興隆。讓這間飯店聲名大噪的，是民國時期擁有大量國民政府政軍常客如譚延闓、于右任、孫科、張群、李宗仁、馮玉祥、張治中、汪精衛、白崇禧等人，以及其招牌菜式。

馬祥興有所謂「四大名菜」，分別是美人肝、松鼠魚、蛋燒賣、鳳尾蝦，這些招牌菜式（見圖②），更與前述的軍政要人有著淵源。

例如後來淪為漢奸，接掌南京傀儡政府的汪精衛，最鍾情的便是一道美人肝，每到晚上肚子餓時，便想吃，即吩咐祕書到當時位於城外的馬祥興買外賣。當時南京城牆還完整，各城門實施宵禁，因此祕書出城得說明原由，久而久之，守城官兵見祕書車到，便高喊：

① 馬祥興招牌

② 馬祥興鎮店四寶

「放，美人肝，出城！」一時間成了南京街頭巷尾的一則花邊新聞。

其實所謂美人肝，就是把十多隻鴨的胰臟，以鴨油和蔥白爆炒，來作一道菜。據說有一次汪精衛代表南京政府在此設宴為打勝仗回來的白崇禧慶功，由於事出臨時，飯店準備的食材不夠，廚師配菜時發覺尚欠一道，情急之下，就打鴨子的胰臟主意，以薑、蔥、白酒爆炒，並美其名為美人肝。

又例如，被譽為「小諸葛」的名將白崇禧（即名作家白先勇的父親），常常光顧馬祥興，廚師熟悉其口胃，既喜歡吃燒賣又喜歡吃蝦，於是投其所好，就以蛋皮包著蝦仁，做成燒賣狀，蒸熟後，再淋上雞汁鴨油，色味雙全，白吃後讚不絕口。

至於鳳尾蝦，那是蝦仁去殼時留下蝦尾半截，伴以綠豆、銀杏等，以鴨油爆炒，上碟時紅綠黃顏色相映，賞心悅目，據說是軍閥馮玉祥的鍾愛菜式。

這次興致勃勃的去到馬祥興，原本最想試的就是美人肝和蛋燒賣這兩道與漢奸和名將有關的名菜，不料原來因為食材理由，美人肝不是每天都有供應，且有的日子也只得少數幾份，一早賣光，不少慕名而來的顧客，也如我一般向隅。

最後只點了「四大名菜」中的蛋燒賣（見圖③）和鳳尾蝦（見圖④）。菜送上來，賣相確實不錯，但老實說，味道卻只是一般。其實這種「聞名不如見面」的經驗，光顧老字號時屢屢遇上。所以大家要有心理準備，光顧老字號時，吃的不是食物，而是故事和傳奇。

③ 蛋燒賣　④ 鳳尾蝦

第三十九章
西湖國賓館：中美破冰的起點

二〇一六年九月，G20峰會輪到中國作東道主，習近平在杭州接待了來自十九個世界大國的元首。

大家都知道，杭州以西湖而聞名於世，那麼在開會這些正經事之餘，總不會讓各國元首錯過風光如畫的西湖美景吧？

但很多人到西湖，都會乘興而來，敗興而返，為的是西湖面積很大，大家未必去對位置觀賞，如果你到的是鬧市旁邊去看西湖，人頭湧湧，人聲鼎沸，你只會看得心煩氣燥。那麼，哪裡才是觀賞西湖的最佳地點呢？

答案是西湖國賓館。

事實上，這次G20峰會，各國領袖也是在這裡拍大合照，而且「峰會中的峰會」，即中美兩國之間的「習歐會」，習近平與歐巴馬兩人在西湖湖畔一起漫步、夜話、喝茶（見圖①），地點就是在這國賓館內。

西湖國賓館被稱為「西湖第一名園」，由康莊（康有為故居）、劉莊（劉學詢故居）等幾個莊園組合而成，占地三十六萬平方公尺，背山面湖，風景秀麗。自新中國成立後，接待了多位國家領導人如毛澤東、鄧小平、江澤民、胡錦濤等，以及外國元首如美國總統尼克森、南非總統曼德拉等。

毛澤東尤其喜歡這裡，曾先後二十次，共計三百三十八天在這裡入住，最長一次甚至住了七十九天，毛說愛這裡

① 習歐會

② 西湖國賓館入口

清靜，是個讀書的好地方。直到今天，賓館仍把毛當年讀書、賞雪、學英文等很多地方保留，並列為景點。

西湖國賓館不單止留有很多毛澤東的足跡，這裡甚至是很多歷史大事發生的現場。

例如一九五三年十二月至一九五四年三月期間，毛澤東與很多專家學者，就是在這裡進行集思，最後並起草了中共立國後第一部憲法的草稿。

此外，一九七二年，尼克森歷史性訪華，除了北京之外，在八天行程中，還到過杭州和上海。他提出在訪京時，要參觀長城、故宮、定陵等歷史遺址，至於杭州，當然不會錯過西湖，而他下塌的地方，亦正正是西湖國賓館。

當年標誌著中美關係邁向正常化，震動中外的《中美聯合公報》，就是在這裡賓館一號樓的八角亭（見圖③）所草簽的。當中還有一個傳奇故事。

話說當年兩國草擬《上海公布》最棘手的地方，就是台灣問題。中國方

③ 八角亭

④ 毛澤東讀書處

⑤ 毛澤東學英文處

面的態度十分強硬，就是不單不能提「兩個中國」，就是連「一中一台」也不能提，而美國當然對台灣有道義責任，也不能輕易就範。雙方談得唇乾舌燥，還是毫無進展。眼看由天亮談到天黑，再由天黑談到天亮，仍是一片僵局，雙方都愈來愈心急如焚。

放眼外望，八角亭外，湖上碧水連天，一條長堤把西湖分成兩半。

美國國務卿季辛吉，也就是這次訪美背後的最大推手，好奇的問：「這條長堤叫甚麼名字？」

中國外長喬冠華說：「叫蘇堤，由六座橋組成，是由中國宋朝時的杭州市長蘇軾修築的，距今約一千年了……」

季辛吉突然若有所思的說：「請問，蘇堤的東邊就是西湖了嗎？那麼西邊呢？」

⑥⑦⑧西湖國賓館美景

喬冠華說：「是的，西邊也是西湖。」

季辛吉激動的說：「蘇堤兩邊都是西湖呀！……就叫海峽兩邊的中國人好了！怎麼樣？」

這時喬冠華也激動起來，更站了起來說：「好！季辛吉先生您說得好啊！我立刻去稟告周總理，您去向尼克森總統報告。」

周恩來聽了後也贊成這個提法，並大大讚賞了季辛吉這位出色及靈活的外交家。這亦為《上海公布》的草擬，大大踏前一步。

據報道，今次習、歐兩位元首夜話地點選擇在西湖國賓館，當中實在別有深意，那就是要紀念前述這段歷史，中美關係當年在這裡破冰，如今在這裡再啟航。

不要被我前述所講的歷史典故之氣派所嚇怕，其實雖然這裡喚作國賓館，但如今也是對外開放的，大家也可以訂房入住，而且一千多、二千元人民幣一晚，很多人都住得起，我自己也入住過。大家到杭州賞西湖時，也大可下塌於此，享受一下當「國賓」的滋味！

那麼，這次在這個二十年才一次的隆重盛會中，中國又拿出甚麼東西來款待十九個世界大國的元首呢？

這可說是一次極為豐盛的宴請，就算不計冷盤、炒飯、水果、甜品，竟然也有七菜一湯！但並沒有鮑參翅肚等山珍海錯，而是以經典杭幫菜為主，菜單如下：

眾志成城（杭州筍乾卷）、八方賓客（富貴八小碟）、大展宏圖（鮮蓮子燉老鴨）、緊密合作（杏仁大明蝦）、共謀發展（黑椒澳洲牛柳）、名揚天下（新派叫化雞）、千秋盛世（孜然烤羊排）、包羅萬象（鮮鮑菇扒時蔬）、風景如畫（京扒扇形蔬）、四海歡慶（西湖菊花魚）、攜手共贏（生炒牛鬆飯）、共建和平（美點映雙輝）、潮湧錢塘（黑米露湯圓）、承載夢想（環球鮮果盆）

第四十章 圓山大飯店：見證崢嶸歲月

如果問，全台北風水最佳的地方在哪裡？答案自然不會是總統府所在地，其實只要大家看看近年台灣總統的下場，馬英九落得灰頭土臉，陳水扁甚至成了階下囚，蔡英文也正在苦苦掙扎，大家就不難想像到。

有風水師指出，「龍穴」所在，原來在如今圓山大飯店（見圖①）的所在地。事實上，圓山原稱龍峒山，這個名字的由來，正是因為圓山長得就像是一條龍，蜿蜒起伏。

在日治時代，圓山大飯店原址便是「台灣神社」的所在地，是當時在台日本人祭祀的地方，風水之佳可見一斑。直到一九四四年，一架日本飛機擬在松山機場降落時誤撞神社，引發大火，再加上次年日本戰敗，撤出台灣，神社才成了歷史。

一九四九年，國民政府遷台。一九五〇年，韓戰爆發。韓戰期間，聯軍總司令麥克阿瑟訪台，在這國民黨敗走台灣，美台重新摸索彼此關係此一關鍵時期，麥帥這次訪問顯得異常重要，蔣介石自然高度重視。但可惜，當時台灣只能安排麥帥下塌在草山（今陽明山）賓館，這其實是早年日本為裕仁太子所建的賓館。事後，遭外國媒體嘲諷，說就算接待如此重要的外賓，台灣也只能拿出日本人所遺留下來的東西見人。

重視面子的蔣介石，當然完全不是滋味，覺得十分丟人，於是痛下決心，要台北興建一座見得人的「國賓館」，並交由夫人宋美齡負責督促籌辦。於是，到了一九六〇年艾森豪訪台，也是迄今唯一一次美國在任總統訪台，當時蔣已經可以拿出圓山大飯店來接待他。當時圓山大飯店共有一百間房，而美國訪問團陣容龐大，一包就包下九十間。為紀念這重要一幕，飯店仍保留著當年艾森豪入住時套房的原貌，到現今不少客人仍指定要入住。

除了艾森豪之外，圓山大飯店不愧為「國賓館」，也接待過不少政要下場，第一位是一九五八年訪台的伊朗國王巴勒維，其他，包括在一九六二年訪台的時任美國副總統詹森、一九六三年訪台的泰國國王蒲美蓬、一九九三年訪台的菲律賓卸任總統阿基諾夫人、一九九三年訪台的曼德拉（他當時仍未是總統）等。

而阿基諾夫人的丈夫，生前最後一晚就是住在圓山大飯店，他因與當時的總統馬可仕搞對抗而流亡海外，於一九八三年間以假名住在圓山大飯店的602號房，後來離台搭乘華航班機返國，飛抵馬尼拉機場後，一下機就被槍殺。阿基諾夫人卸任總統後訪台，住進圓山大飯店的總統套房，但一到飯店，未進自己房間，便先到602號房看看，而飯店亦十分貼心，把房間布置得與當年一模一樣，阿基諾夫人憑弔時一臉哀傷。

但圓山大飯店的天字第一號政要常客，則要算是新加坡總理李光耀，他共入住過二十四次之多。他最愛的早點就是永和的燒餅、油條，和不加糖的豆漿，每次到訪都必吃。因此，早上六點，飯店就會派人買好，以便八點提供給李作為早餐。此外，李愛運動，每天一小時，下塌酒店期間，他會在隨從陪同下，繞著飯店廣場跑步，就算下雨，他也會沿著飯店酒廊慢跑。

① 圓山大飯店

② 民進黨創黨

其實，圓山大飯店不單止是權貴雲集之地，也是台灣民主發展的起點。說的是一九八六年九月二十八日，民進黨在圓山大飯店宣布成立（見圖②），台灣從此邁進一個容許反對黨政治的嶄新時代。當時，台灣還未解除戒嚴，政治上實行高壓統治，組黨成了反對派前仆後繼也要達成的目標。結果，一百三十多位反對派人士，包括近年仍活躍的謝長廷和游錫堃，冒著坐牢的危險，挑戰政治禁忌，訂了飯店的敦睦廳，在那裡宣布組黨。據說，當年接受訂房的，是飯店裡兩位分別姓毛和姓王的工作人員，他們事後遭治安單位盤問，解釋因為是由某位醫生名義代為訂房，所以兩人對組黨一事並不知情，最後，不單兩人未被追究，就連反對派也沒有人因此被捕。這並不純粹是因為總統蔣經國的一念之仁，事實上，台灣更在一年後宣布解除戒嚴，顯示蔣經國其實已決定了在其最後日子，讓台灣踏上民主之路。

蔣經國於一九八八年逝世，由副總統李登輝繼任，他是台灣本省人，決心實行民主改革，於一九九〇年六月二十七日至七月四日，召開國是會議，會議地點，同樣選在圓山大飯店，會中朝野取得共識，讓台灣踏上憲政改革之路。

除此之外，宋楚瑜的親民黨成立，兩岸海基會與海協會進行會議，都一樣選在圓山大飯店。

從中可見，圓山大飯店，不單有眾多中外政要留下足跡，更見證了台灣民主化的起步，以及不少歷史性場合，不愧被譽為「龍穴」的所在地。

香港人有種坊間智慧，那就是若要揀女婿，大可以把他先拉到麻將枱，一起打幾圈，觀人於微，牌品如何，人品也如何。

其實觀人於微，又豈止於麻將枱，餐桌又何嘗不是。圓山飯店的上上下下，也在餐桌上見盡總統百態。

當中，蔣介石是最有威嚴的一位，他在這裡吃飯時，大家最戰戰兢兢，不單飯店工作人員不得貿然接近，蔣的侍衛更會穿上侍應服裝，喬裝成侍應貼身保護總統安全，半絲也不容鬆懈。就算蔣設晚宴，期間洋溢的也是嚴肅多於歡樂氣氛，出席者一樣戰戰兢兢，且會先去洗手間，因為入席後，就會坐定長達兩個小時，期間連洗手間都不敢去，哪會像今天般大家出出入入講電話般隨便。

蔣介石的兒子經國，卻要比他隨和得多。國宴由九十分鐘縮短為七十分鐘，且吃簡單得多的「梅花宴」（即五菜一湯）。且晚年就算身體不好，要由侍衛推著輪椅，當送走賓客時，他也要靠近工作人員，以微弱的聲音向他們說：「辛苦你們了！」讓他們無不動容。

至於蔣經國在圓山飯店高雄分店開早餐會，卻碰上胡椒粉瓶瓶蓋沒有扭實，結果瓶蓋甩開，胡椒粉灑滿湯碗的故事，但他卻反而囑咐不要處分員工的故事，在第十四章講述蔣經國時已經提過，在此不贅。

要記住，那是一個國民黨在台灣仍實行威權統治的年代，不是實行民主政治、官員都走親民路線的今天，蔣經國的隨和實在十分難得。

到了馬英九，則更加平易近人，宴後不單會主動與廚師、侍應一起來個大合照，就算這些飯店工作人員笑嘻嘻，以至擺出勝利手勢，他也毫不介意，畢竟，踏上了民主和選舉之路後，一切也不一樣，就算是總統，威嚴也成明日黃花。

最後，談談圓山大飯店的美食，當中不能不提的，便是這裡的紅豆鬆糕（見圖③），據說這是宋美齡的至愛，她向其親信，即獲委派為圓山大飯店首任總經理的姨甥女，孔家二小姐令偉，傳達她的「口述食譜」，再由飯店師傅不斷揣摩改良，而做出她所滿意，號稱「甜而不膩，鬆軟彈牙」的紅豆鬆

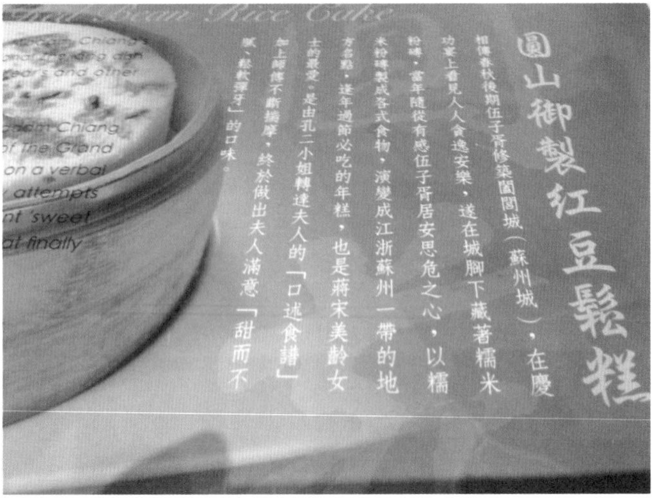

③ 圓山大飯店招牌點心紅豆鬆糕

④ 蔣介石夫婦西餐餐桌

糕。宋晚年定居美國紐約，據說冰箱裡總備有託人從老遠台灣帶來的這款點心，供她作零食解饞，就連她臥病在床時，也戒不掉這款至愛。

這款點心以糯米粉、粘米粉、沙糖、紅綠木瓜絲、剁碎的紅棗、紅豆、紅豆沙等做成麵團，再以蒸籠蒸熟成鬆糕。

筆者曾經懷著很高的期望，走進圓山大飯店裡專吃點心的圓苑，為的就是要一試這款蔣夫人最愛的甜點，但試過後，聞名不如見面，覺得不過爾爾。我反而更愛台北京兆尹那裡的糕點，又或者我在香港吃過的紅豆桂花糕。

但話雖如此，紅豆鬆糕仍是圓山大飯店重點宣傳的招牌點心，如筆者般慕名而來的食客，絡繹不絕，根本不愁銷路，更何況，這款糕點在農曆新年特別受歡迎，因為很多人會特別買來當作年糕般自用或餽贈，銷路往往達好幾千個呢！

本文參考自由圓山大飯店自己出版，《圓山故事》一書。

鳴謝：

本書內裡的文章，曾於《東周刊》、《南方人物周刊》發表，現經修訂後收錄於本書再度出版，筆者特此向上述報刊作出鳴謝。

知識叢書 1080

大人們的餐桌．中華篇：從民初到二十一世紀，22位牽動華人政局的政治人物飲食軼事

作　者—蔡子強
主　編—李筱婷
企　畫—藍秋惠
美術設計—兒日設計

董事長—趙政岷
出版者—時報文化出版企業股份有限公司
108019台北市和平西路三段二四〇號七樓
發行專線—（〇二）二三〇六六八四二
讀者服務專線—〇八〇〇二三一七〇五
（〇二）二三〇四七一〇三
讀者服務傳真—（〇二）二三〇四六八五八
郵撥—一九三四四七二四時報文化出版公司
信箱—10899臺北華江橋郵局第99信箱
時報悅讀網—http://www.readingtimes.com.tw
時報出版愛讀者—http://www.facebook.com/readingtimes.fans
法律顧問—理律法律事務所　陳長文律師、李念祖律師
印　刷—和楹印刷股份有限公司
初版一刷—二〇一九年十二月二十七日
初版二刷—二〇二一年九月十七日
定價—新台幣三五〇元

時報文化出版公司成立於一九七五年，
並於一九九九年股票上櫃公開發行，於二〇〇八年脫離中時集團非屬旺中，
以「尊重智慧與創意的文化事業」為信念。

大人們的餐桌・中華篇：從民初到二十一世紀，二十二位牽動華人政局的政治人物飲食軼事 / 蔡子強著. -- 初版. -- 臺北市：時報文化, 2019.12
面；　公分. -- (知識叢書；1080)
ISBN 978-957-13-8069-8(平裝)

1.亞洲史 2.人物志 3.軼事

730.1　　108021340

ISBN 978-957-13-8069-8
Printed in Taiwan